GEDENKSTÄTTE
für alle wahren Gottespropheten und Gottesprophetinnen
und alle gerechten Männer und Frauen
in der Nachfolge des Jesus, des Christus

Gabriele-Verlag
Das Wort

GEDENKSTÄTTE
für alle wahren Gottespropheten und Gottesprophetinnen
und alle gerechten Männer und Frauen
in der Nachfolge des Jesus, des Christus

Dezember 2019

Max-Braun-Str. 2, 97828 Marktheidenfeld
Tel. 09391/504135

www.gabriele-verlag.com

Druck: KlarDruck GmbH, Marktheidenfeld

ISBN 978-3-96446-032-5

GEDENKSTÄTTE

FÜR ALLE WAHREN
GOTTESPROPHETEN
UND GOTTESPROPHETINNEN
UND ALLE GERECHTEN
MÄNNER UND FRAUEN IN DER
NACHFOLGE
DES JESUS, DES CHRISTUS

INHALT

ZUM GELEIT

Neben dem Bauwerk des *Zeltes Gottes unter den Menschen für alle Völker dieser Erde, der Bundeslade des Freien Geistes,* erhebt sich die Gedenkstätte für alle wahren Gottespropheten und Gottesprophetinnen, alle gerechten Männer und Frauen in der Nachfolge des Jesus, des Christus.
Schrifttafeln an der Gedenkstätte erinnern an das schwere Los dieser Männer und Frauen, die zu allen Zeiten von der Priestergilde und ihren staatlichen Vasallen mit Verleumdung, Rufmord, Vertreibung, Ächtung, schlimmster Marter und Folter verfolgt und vielfach qualvoll ermordet wurden, weil sie Gott, dem Ewigen, und Seinem Sohn, dem Christus Gottes, in ihrem Leben unverbrüchlich die Treue gehalten haben.

In diesem Buch ist im Wesentlichen der Inhalt dieser Schrifttafeln wiedergegeben. Sie zeigen nur einen winzigen Ausschnitt aus dem jahrtausendealten Wüten der diabolisch grausamen Tradition der Priesterkasten aller Zeiten gegen die gerechten und erleuchteten Männer und Frauen, die als Wegbereiter oder Nachfolger des Jesus, des Christus, lebten und wegen ihres Wirkens in der Gottes- und Nächstenliebe verfolgt wurden.

EINLEITUNG

Liebe Mitmenschen, die Kreuze, die an der Gedenkstätte beim *Zelt Gottes unter den Menschen für alle Völker dieser Erde* aufgerichtet sind, und die Gedenktafeln stehen für die Propheten und Prophetinnen und die vielen gerechten Männer und Frauen, die dem Reich Gottes die Treue hielten und deshalb in all den Jahrtausenden von den priesterlichen Systemen – mit Unterstützung von Königen, Kaisern und der Staatsmacht – verfolgt, gefoltert und umgebracht wurden. Es waren Männer und Frauen, die durch ihr Leben und Leiden in lebendiger Treue zu der ewigen Wahrheit aus dem Reich Gottes zu wahren Kreuzesträgern geworden sind, und die mit ihrem Leben Zeugnis für das Ewige Wort gegeben haben. Es sind all jene, die dem Christus Gottes vor Seinem Erdenleben den Weg bereiteten, und all jene, die Ihm nach Seiner Erlösertat auf Golgatha nachfolgten – wenn es sein musste, bis in den von den Häschern der priesterlichen Systeme erzwungenen Tod.

All jene jedoch, die ihren Mitmenschen das Kreuz und die Leiden auferlegten und auferlegen, geben Zeugnis davon, dass sie einem anderen Herrn nachfolgen, den wir hier mit dem Namen nennen wollen, den Jesus von Nazareth ihm gab, als Er zu Seinen damaligen Verfolgern im Priestergewand sprach:

„Ihr habt den Teufel zum Vater, der war ein Lügner und Mörder von Anfang an."

Niemals haben die wahren Nachfolger des Friedefürsten Andersgläubige verfolgt, sondern sie sind zu allen Zeiten selbst verfolgt worden. Auch das gibt Zeugnis darüber, wer der Dienstherr in Kirche und Staat war und ist, der Andersgläubige verfolgen lässt.

Jesus, der Christus, ist der Friedefürst.
Wer den Friedensstifter umbringt, sät den Krieg. Wer den Gerechten verfolgt und ermordet, ermordet nicht nur einen Menschen – er kämpft gegen die Gerechtigkeit, deren Früchte der Gerechte hundertfach hervorbringt.
Der Friedensstifter bringt den Frieden – wer Ihn beseitigt, bringt Mord und Totschlag unter die Menschen. Das ist der Zustand dieser Welt, und das ist die Schuld all derer in Kirche und Staat, die in allen Jahrhunderten ihren Ausmerzungsfeldzug gegen die gerechten Männer und Frauen führten und damit gegen die Gerechtigkeit, gegen die Freiheit und gegen die Einheit unter allen Menschen und mit der Natur.

Das Leben und Wirken dieser gerechten Männer und Frauen, insbesondere der wahren Gottespropheten und Gottesprophetinnen von Abraham bis Gabriele, ist im Bewusstsein der heutigen Gesellschaft nahezu ausgelöscht. Denn die Mächtigen in Kirche und Staat sind zu allen Zeiten, so wie beim Kindermord zu Bethlehem, immer gegen das aufkeimende Licht des Christus Gottes vorgegangen. Sie haben die Boten der Wahrheit ausgemerzt, um mit ihrem Geheimnis-Kult zu herrschen. Leid und Verderben in dieser Welt ist ihr Werk. Sie verkennen, dass alles Unrecht, das nicht gesühnt ist, Gegenwart bleibt, so lange, bis es einst gelöst sein wird.

Liebe Mitmenschen, die Tafeln zu den aufgestellten Kreuzen beschreiben einen kleinen Ausschnitt aus 4000 Jahren Lebensweg, Lebenswerk und Leidensweg von gerechten Männern und Frauen, von Prophetinnen und Propheten, die in ihrem Denken, Reden und Handeln Zeugnis gaben und einstanden für den Einen Gott, den Gott der Liebe, und sich eher der Verfolgung, Verhöhnung, Verspottung, der Folter, ja gar dem grausamen Tod auslieferten, als dass sie dem Ewigen All-Einen und Seinem Sohn, dem Christus Gottes, abgeschworen hätten. Sie alle und ungezählte gerechte Männer und Frauen wurden im Laufe der Jahrtausende immer und immer wieder von dem dämonischen Transfer in den unterschiedlichsten Talaren der Religionen, von den dunklen Mächten des Lügen-Molochs als Ketzer, Aufwiegler und Aufrührer verunglimpft, verfolgt und mit unvorstellbarer Grausamkeit gequält und ermordet.

Um zu verstehen, was diese Menschen getragen und ertragen haben, muss man im Gefühl mit ihnen auf den Folterbock gehen, man muss sie begleiten auf das Schafott und auf den Scheiterhaufen, umgeben von gierenden Menschenmengen, die den qualvollen Tod der sogenannten Ketzer verlangten.

Man muss sie begleiten in ihren tiefsten Todesängsten, die sie in kalten, dunklen Verliesen über Wochen, Monate und Jahre auszustehen hatten, mit kärglichster Nahrung und ohne Schutz vor Kälte, Hunger, Krankheit und Tod, ohne Hoffnung auf Befreiung. Man muss mit ihnen fühlen, was sie durch die Quälereien der Mordgesellen im Priestertalar zu erdulden hatten, ohne Versorgung ihrer Wunden, als Krüppel dahinvegetierend.

Man muss sie begleiten in Gedanken und Gefühlen, wie sie zu Tode geschleift wurden, so dass die Fetzen von Haut und Organen an den Steinen hängen blieben.

Man muss ihre Ängste nachfühlen, um ihre geistige Größe zu erfassen und was es bedeutet, lieber die Qualen und den Tod auszustehen, die sich die verbrecherische Priesterschaft ausgedacht hat, als dem Freien Geist abzuschwören: dem wahren Einen Gott und Seinem Sohn, dem Christus Gottes, denen man aus dem tiefsten Herzen und aus der Überzeugung eines lauteren Lebens die Treue hielt.

Man muss sich hineinfühlen in junge Mädchen und Frauen, die nackt der perversen Folterlust der Priester ausgesetzt waren. Man muss sich hineinversetzen in die Gefühle von Menschen, die in allen Jahrhunderten aufgrund ihres aufrichtigen Glaubens und ihres anständigen Lebenswandels in der Nachfolge des Jesus von Nazareth von Haus und Hof vertrieben wurden, die man obdachlos durch die Wälder hetzte, mit Neugeborenen und Kindern, mit gebrechlichen alten Menschen, dem Wind und Wetter ausgesetzt, immer in der Angst, von den Hunden der Häscher der Priesterbande aufgespürt und dann gefangen genommen, gepeitscht, gefoltert und auf dem Scheiterhaufen verbrannt zu werden. Man muss sich hineinversetzen, was es für sie bedeutete, zu wissen, dass sie jeden ihrer Nächsten, mit dem sie auch nur ein Wort wechselten, in Gefahr für Leib und Leben brachten, weil derjenige von den Schergen der Priesterkaste auch als Ketzer bezichtigt werden konnte.

Wer je einen Menschen geliebt hat, wer je für ein Kind gesorgt hat, wer je für einen älteren, kranken oder schwachen Menschen Fürsorge getragen hat, der kann erahnen, wie es den gerechten Männern und Frauen erging, die all jene, um die sie sich in Liebe gekümmert hatten, schutzlos den Vasallen der blutrünstigen Religionssysteme ausgeliefert sehen mussten: Säuglinge, Kinder, junge Männer und Frauen, gebrechliche ältere Menschen, Kranke und Bettlägerige – niemand wurde von der hetzenden Meute im Dienste der Priesterschaft verschont. Ihre Grausamkeit kannte kein Erbarmen.

Alle die Opfer, die dem Ewigen die Treue hielten, ungeachtet ihrer körperlichen Leiden, haben größte Qualen und Not und Verzweiflung erlebt, doch ihre Seele ist gestählt für den Einen Gott siegreich hervorgegangen.

Die teuflischen Wüteriche in Priestergestalt konnten über die Körper der Gottesboten herrschen, nicht jedoch über ihre Seelen den Sieg erlangen, den sie sich erhofft hatten: die Abkehr von dem Gott der Liebe und die Hinwendung zu ihrem „Gott" der Hölle, der angeblichen ewigen Verdammnis, der Kulte, Rituale und schwarzen Magie. Weil das der Priesterschaft nicht gelungen ist, tobten sie umso mehr, je mehr sie sich des Transfers der staatlichen Gewalt sicher sein konnten. So war es über Jahrhunderte und Jahrtausende.

Heute ist der Handlungsspielraum für Ausmerzung eingeschränkt, doch die Gesinnung der Talarträger ist nach wie vor dieselbe, wie sie z.B. von einem evangelischen Pfarrer in die von ihm gegen die Urchristen der heutigen Zeit aufgehetzte Menschenmenge hineingeschleudert wurde: *„Die braucht ihr nicht zu lieben."* Worauf die Rufe der aufgehetzten Menge ertönten: *„Aufhängen sollte man euch! Knallt sie doch nieder! An die Wand sollte man sie stellen, alle, wie sie nacheinander dastehen! Elendes Gesindel! Brennen müsstet ihr!"* und der Pfarrer den Urchristen entgegenschleuderte: *„Im Mittelalter* *wären wir ganz anders mit euch umgesprungen.“* Er gab damit selbst Zeugnis, wessen Vaters Sohn er ist, des Vaters von unten, der, wie Jesus von Nazareth sagte, ein Lügner und Mörder ist von Anfang an. Was er auch skrupellos mit den Worten bestätigte: *„Wenn Sie bei mir auf Inquisition tippen, liegen Sie richtig.“*

Wie die Inquisition der Priestermänner im Mittelalter mit Menschen in der Nachfolge des Jesus von Nazareth umgegangen ist, kann hier nur andeutungsweise aufgezeigt werden. Es ist, wie der Philosoph Karl Jaspers sagte: *„Der biblisch fundierte Absolutheitsanspruch“* (der Kirchen) *„steht ständig auf dem Sprung, die Scheiterhaufen für Ketzer zu entflammen.“*
Auch deshalb die Gedenkstätte.

NOAH

Gott sprach zu Noah, und der Teufel fiel über Noah her. Die damaligen Klerikalen und das Staatsgefüge begannen ihren Frevel und schütteten ihre Bosheiten und Verleumdungen über ihn aus.
Er lebte in einer Welt voller Bosheit und wurde teuflisch verhöhnt und verspottet und aus der Gesellschaft ausgestoßen.
Wie zu allen Zeiten, wurde die ewige Wahrheit, das Wort Gottes, von Staat und Priesterkaste mit Füßen getreten und der Versuch unternommen, die ewige Wahrheit totzuschweigen und auszumerzen.

Noah hielt stand. Er baute die Arche gemäß der Weisung Gottes und rettete seine Familie und viele Tierarten vor den Wasserfluten.

HIOB

Der Cherub der göttlichen Geduld, als Mensch Hiob genannt, ein gerechter Mann, der der Gerechtigkeit Gottes diente, wurde vom Teufel mehr als geprüft. Hiob verliert alles – Vermögen, Gesundheit, Liebe, Ehre, Achtung, seinen guten Ruf, seine Söhne. Vom Aussatz geplagt, schabt er sich außerhalb der Stadt seine juckenden Wunden und ist den zynischen Anwürfen seiner Frau ausgesetzt: „Lästere Gott, und stirb!“

Weil er Gottes Willen erfüllte, wurde er gequält, verleumdet, verspottet und der Gottlosigkeit bezichtigt. Freunde wollten ihn immer wieder in Versuchung führen, vom Glauben an Gott abzuweichen.
Das war und ist der Teufel von Anfang an. Doch die Gerechtigkeit und die Treue zu Gott blieb für Hiob die Botschaft für das Leben.

ABRAHAM

Der Cherub des göttlichen Ernstes im Menschen Abraham diente dem Ewigen als Prophet.
Der Gottesprophet Abraham empfing die Weisungen von Gott, dem Ewigen – und der Teufel in der Gewandung des baalistischen Systems und des Staatsgefüges fiel über Abraham her.

Abraham führte unter der Weisung des Ewigen Gottes – trotz Androhung der Todesstrafe durch die herrschende Priesterkaste – Menschen aus der Vielgötterei und dem Blutopferkult, hin zu dem Einen Gott.
Er verließ das Land seiner Väter nur mit seiner Frau und einigen treuen Begleitern aus der Familie, um den Willen des All-Einen zu erfüllen.

Wie zu allen Zeiten, trieb der Teufel seinen Hohn und Spott mit dem gerechten Mann, der die Weisungen des Ewigen Gottes befolgte.

JOSEPH

Wie zu allen Zeiten: Wer Gott gehorcht und Seinen Willen tut, dem stellt der Teufel nach.

Trotz der Androhung des Todes und seiner Versklavung durch die eigenen Brüder und trotz der Missesprüche teuflischer Ausgrenzung rettete Joseph viele Menschen vor der Hungersnot, weil Gott, der Ewige, ihm die Gabe der Traumdeutung gewährte.

Der Teufel kennt kein Erbarmen – gestern nicht und heute nicht.

MOSES

Der Cherub der göttlichen Ordnung, im Menschenkörper Moses genannt, empfing von Gott, dem Ewigen, die Zehn Gebote für ein Leben in Frieden und Freiheit.

Der Teufel, der gegen Gottes Wort ist, stellte dem Gottespropheten Moses nach, um ihn zu Fall zu bringen, damit er seinen Auftrag aus dem Reich Gottes nicht erfülle.

Trotz aller Androhungen und Anfechtungen, gerade auch vom eigenen, eigenwilligen Volk, blieb Moses dem Einen Gott treu und führte das ungestüme Volk, das dem goldenen Kalb näher war als den Worten Gottes, aus der ägyptischen Gefangenschaft - und musste mit ihm Jahrzehnte durch die Wüste ziehen.

Wenn man die heutige Menschheit in das Visier nimmt, dann weiß man um den Lügengriffel, gleich die Dichtkunst der Priestergilde von damals.

Lesen wir die verheerenden, teuflischen Hinweise über den wahrhaft gequälten Menschen Moses, und schauen wir, was heute die Zehn Gebote wert sind, dann wissen wir, was Moses in den ca. 40 Jahren inmitten eines störrischen Volkes zu leiden hatte. Immer wieder musste er um sein Leben fürchten. Moses schrie zum Herrn: *„Was soll ich mit diesem Volk anfangen? Es fehlt nur wenig und sie steinigen mich."* Am Ende seiner langen Wanderschaft durch die Wüste wies er dem Volk den Weg in ein Gelobtes Land.
Der Teufel nützte zu allen Zeiten jede Chance, um die Menschen zu verführen, was er auch heute noch in Religionen und deren Hörigen im Volk und in den Parlamenten und Regierungen vollzieht.
Die Dichtkunst der Priesterkaste im alten Bund ist der Lügengriffel im neuen Bund.
In der Ausführung ihrer baalistischen Verführungskunst werden beide priesterlichen Konglomerate bis heute durch die staatliche Gewalt unterstützt.

ELIA

Der Cherub des göttlichen Willens – im Prophetenmantel Elia genannt – war ein Verfechter des Willens Gottes. Wie bei allen Wortträgern, wies der Teufel, der in verschiedenen Gewandungen auftrat, alle Ermahnungen Gottes durch Elia an Priester, Könige und Regierende zurück. Sein bekanntes Ausmerzungsverfahren begann, wie zu allen Zeiten, mit Verleumdung, Verfolgung und dann mit der Vertreibung. Elia war ständig auf der Flucht vor den Handlangern des Teufels.

Doch wo immer er auftrat, um Gottes Wort zu verkünden, stand und sprach er gegen die Gesellen der Macht von unten in Staatsgewändern und priesterlichen Hüllen mit dem entsprechenden Zierrat. Wo er sich auch aufhielt – er schwieg nicht. Das Wort des Ewigen Gottes den Menschen zu offenbaren, war ihm ein Bedürfnis.

Die Menschen lohnten es ihm mit Gewaltandrohung, und Elia entkam immer wieder nur knapp der Hinrichtung.

Der Schrankenmeister, der Teufel, hat immer noch seine bedrohlichen Werkzeuge, die er allerdings heute unter seiner Kutte trägt.

MICHA

Wo ein Gottesprophet beginnt, das Wort Gottes auszusprechen, ist der Teufel nicht weit: Auch den Propheten Micha wollte man von Anfang seines Wirkens an zum Schweigen bringen. *„Sie geifern: Prophezeie nicht." „Erfüllt vom Geist des Herrn, voll Eifer für das Recht"*, hat er vor allem der politischen und juristischen Führungsschicht das Gericht angesagt. Micha prangert die Überfälle plündernder Soldaten an, Übergriffe auf Frauen, die Pfändungen verarmter Bauern durch die Großgrundbesitzer. *„Sie wollen Felder haben und reißen sie an sich, sie wollen Häuser und bringen sie in ihren Besitz. Sie wenden Gewalt an gegen den Mann und sein Haus. ... Sie fressen mein Volk und ziehen ihnen die Haut ab. ... Es kommt die Zeit, da werden die Schwerter zu Pflugscharen. Es ist dir gesagt worden, Mensch, was gut ist und was der Herr von dir erwartet. Nichts anderes als dies: Achtet auf das Recht, erweist einander Gutes, tut nichts ohne Gott."* Das hören die Herren in der Garnison und in der Metropole nicht gern. Der Gottesprophet Micha wird verhaftet und von einem Abhang gestoßen und so ermordet.

Gestern diente man dem Teufel. Wer dient ihm heute? Wenn man in diese Welt blickt, dann haben viele in den Kunstreligionen und in deren Anhang, dem Staatsgefüge, das dem schlechten Dorn gefügig ist, den teuflischen Dorn im Auge und das gewissenlose Verhalten des Teufels auf dem Panier.

AMOS

Amos, die mahnende Posaune.
Der Teufel von gestern ist der Teufel von heute. Er ist immer gegen die Gerechtigkeit, aber für die Unterdrückung der Menschheit in jeglicher Not.

Amos gestern und heute bleibt die Posaune, bis diese Erde ihr Ende aufzeigt. Ihr Menschen, der Teufel ist jedem nahe, der seine teuflischen Gedanken nicht im Griff hat.

Zur Zeit Amos geht es dem Volk einigermaßen gut. Die religiösen Ordnungen sind nicht in Frage gestellt. Ihr „Gott“ erhält seine Opfer, die Feste werden gefeiert.
Nun kommt Amos und tritt in der Autorität des Ewigen All-Einen Gottes dafür ein, dass diese Entwicklung eine Fehlentwicklung ist, dass der angebliche Fortschritt ein Rückschritt ist, der das Volk in seinem Wesen zerstört.

Amos bezieht eindeutige Stellung. Er kämpft gegen alle gesellschaftlichen, sozialen und kultischen Ordnungen, die Menschen errichten, um dann nur noch diesen Ordnungen zu dienen.
Er kämpft für den Bestand der unmittelbaren Beziehung zwischen Gott und dem Einzelnen, er will diese Beziehung frei halten von der Gängelung, von der Regelung durch Kult und Priesterkaste. Er kämpft für die Freiheit des Geistes wie für die Freiheit des Menschen, um ihnen die Begegnung zu ermöglichen.
Die Botschaft und Redeweise des Propheten Amos passen nicht in die damalige Zeit, denn er kündet Gericht und nur Gericht = das Gesetz von Saat und Ernte; er steht für das Nein Gottes zur Priesterkaste und zu den Kulten. Dafür wird er schließlich von der Priesterkaste vertrieben und erschlagen.

HOSEA

Der Gottesprophet Hosea ist ein unbeugsamer Kläger und Kämpfer gegen die Baal-Priesterkaste und ihren Blut- und Schlachtopferkult, und er klagt sie an, sich von der Sünde des Volkes zu nähren und dass sie Götzen anbeten.

Durch Hosea kündigte Gott, der Ewige, Seinen Bund mit den Tieren an, der in unserer Zeit geschlossen wurde: *„Ich schließe ... an jenem Tag einen Bund mit den Tieren des Feldes und den Vögeln des Himmels und mit allem, was auf dem Erdboden kriecht.*
Ich zerbreche Bogen und Schwert, es gibt keinen Krieg mehr im Land, Ich lasse sie Ruhe und Sicherheit finden."

Die fortwährende Untreue der Priesterkaste und des Volkes gegen Gottes Gesetz klagt Hosea mit deutlichen Worten an: *„Eure Liebe ist wie die Wolke am Morgen und wie der Tau, der bald vergeht. Was Ich von euch verlange, ist klar wie der helle Tag: Liebe will Ich von euch, und nicht, dass ihr Mir Tiere schlachtet! Ihr sollt Mir nicht Brandopfer darbringen, sondern tun, was Mir gefällt."*

Hosea wagt es, von Gott zu reden wie keiner vor ihm. Er beginnt, Gott, den Ewigen, als den großen Liebenden zu verkünden.
Er ist der erste Prophet, der die Zuwendung Gottes zum Menschen mit Liebe bezeichnet. Auch dafür wird er von der Baal-Priesterkaste verleumdet, bedroht und verfolgt:
„Die Rotte der Priester liegt auf der Lauer wie eine Bande von Räubern, sie morden auf dem Weg, der nach Sichern führt, ja, sie treiben schändliche Dinge."
Gottes Wort durch Hosea entlarvt die Priesterkaste als Diener des Widersachers Gottes.

Hosea wird immer wieder verleumdet, bedroht und verfolgt; man versucht, ihn gefangen zu nehmen. Hosea verkündet Gottes Liebe zu den Armen und Entrechteten. Die Priesterkaste verhöhnt ihn: *„Der Prophet ist ein Narr, der Geistesmann ist verrückt."*
Hosea klagt: Fangnetze bedrohen ihn auf all seinen Wegen; sie, die Priester, haben ihm eine tiefe Grube gegraben ...
Seine Spur verliert sich ca. 700 Jahre vor Christus.

JESAJA

Der Cherub der göttlichen Weisheit tritt als Mahner und Helfer des Volkes auf, er kündigte den Christus Gottes und das messianische Reich, das Friedensreich an.

Jesaja wurde nicht müde, gegen die scheinheiligen Frömmler zu sprechen:
„Was soll Ich mit euren vielen Schlachtopfern?, spricht der Herr. Die Widder, die ihr als Opfer verbrennt, und das Fett eurer Rinder habe Ich satt; das Blut der Stiere, der Lämmer und Böcke ist Mir zuwider.
Wenn ihr kommt, um Mein Angesicht zu schauen, wer hat von euch verlangt, dass ihr Meine Vorhöfe zertrampelt? Bringt Mir nicht länger sinnlose Gaben, Rauchopfer, die Mir ein Gräuel sind.
Neumond und Sabbat und Festversammlung – Frevel und Feste – ertrage Ich nicht. ...
Wenn ihr eure Hände ausbreitet, verhülle Ich Meine Augen vor euch. Wenn ihr auch noch so viel betet, Ich höre es nicht. Eure Hände sind voller Blut.

Wascht euch, reinigt euch! Lasst ab von eurem üblen Treiben! Hört auf, vor Meinen Augen Böses zu tun! Lernt, Gutes zu tun! Sorgt für das Recht! Helft den Unterdrückten! Verschafft den Waisen Recht, tretet ein für die Witwen!"

Der Teufel hörte die Botschaft Gottes durch Jesaja. Der teuflische Ruf von gestern ist der teuflische Ruf von heute. Priestergebete, Schlachtopfer und Kultopfer sind nichts weiter als blutrünstiges Gebaren, wodurch die Verachtung des Einen Gottes durch die Körperzellen vieler Menschen schreit.

Auch der Gottesprophet Jesaja wurde von der damaligen Priesterkaste nicht nur verfolgt, sondern im hohen Alter durch Zersägen seines Körpers ermordet.

Die Sitten des Teufels von gestern sind die Sitten von heute, nur in anderer Form angewandt, weil staatliche Gesetze zur Zeit dem allzu teuflischen Verhalten der Priesterkaste Einhalt gebieten.

JEREMIA

Ungerechtigkeit, Gewalt und Götzenkulte waren beim Volk und seinen Führern an der Tagesordnung, als Gott, der Ewige, zum Gottespropheten Jeremia sprach: *„Ich will dich zur festen Stadt, zur eisernen Säule, zur ehernen Mauer machen wider das ganze Land: wider die Könige Judas, wider seine Großen, wider seine Priester, wider das Volk des Landes."*

„Meine Glieder zittern", bekennt Jeremia, als er aussprechen muss, was er von Gott in sich hörte. Der Ewige prangerte durch Jeremia den Lügengriffel der Schriftgelehrten an und die Lügenprediger, Priesterhörigen und falschen „Hofpropheten", und Er zeigte den Weg der Gottes- und Nächstenliebe auf:

„Verlasst euch nicht auf Lügenworte, wenn sie sagen: Hier ist des Herrn Tempel, hier ist des Herrn Tempel, hier ist des Herrn Tempel! Sondern bessert euer Leben und euer Tun, dass ihr recht handelt einer gegen den andern und keine Gewalt übt gegen Fremdlinge, Waisen und Witwen und nicht unschuldiges Blut vergießt an diesem Ort und nicht andern Göttern nachlauft zu eurem eigenen Schaden."

Auch gegen den heidnischen Tieropferkult erhob der Ewige Seine Stimme durch Jeremia: *„Ich habe euren Vätern, als Ich sie aus Ägypten herausführte, nichts gesagt und nichts befohlen, was Brandopfer und Schlachtopfer betrifft."*

Das Aufheulen der Finsterlinge im Priestertalar ließ nicht auf sich warten. *„Das Wort des Herrn bringt mir den ganzen Tag nur Spott und Hohn"*, sprach Jeremia.

Um des Wortes Gottes willen wurde Jeremia von der Priesterkaste ständig angefeindet, gedemütigt, mit Ermordung bedroht. Doch Jeremia stand treu zu seinem Wort zu Gott, dem Ewigen.

Der Ermordung in einem Schlammloch, in das ihn seine Verfolger geworfen hatten, konnte er noch entgehen.
Später wurde er von den Priesterhörigen qualvoll ermordet durch Steinigen. Zerquetscht, zermalmt, verblutet lag er leblos vor seinen Peinigern am Boden.

DANIEL

Aus dem Heiligtum Gottes kam Daniel, der Sohn der göttlichen Weisheit, ins Erdenkleid in das Volk Israel. Als Kind wurde er verschleppt und wuchs am babylonischen Königshof auf. Als Seher und Prophet für den Einen Gott, den Ewigen, stellte er sich der Priesterkaste des babylonischen Zwangs-Götzenkultes und ihren Lehren entgegen. Daniel und seine Gefährten widersetzten sich auch dem Gebot des dämonischen Götzenkultes, Fleisch zu essen, und ernährten sich stattdessen nur von pflanzlicher Nahrung, worauf die Todesstrafe stand. Durch seine unerschütterliche Treue zu dem Einen Gott, durch seine Aufrichtigkeit, Gerechtigkeit und durch die göttliche Weisheit, die aus ihm sprach und durch die er dem König Träume und Ereignisse deuten konnte, erwarb sich Daniel für sich selbst und für Gott, den Ewigen All-Einen, die Achtung des Königs.

Zeit seines Lebens verleumdete und denunzierte deshalb die heidnische Priesterkaste des Baal Daniel und seine Gefährten, um sie der Todesstrafe zu überantworten. Doch unbeirrt sprach Daniel das Wort Gottes, er lehrte die Menschen die Gebote Gottes und verkündete Gottes ewigen Willen, Sein Gesetz der Liebe und Weisheit. In klaren Bildern legte er dar, was die Zukunft den Herrschern und dem Volk bringen wird, wenn sie nicht nach den Geboten Gottes leben, sondern den Priestern der dämonischen Götzen des Baal und ihren blutrünstigen Gewaltkulten huldigen.

Wie zu allen Zeiten in allen Religionen versuchte die Priestergilde, das Wort Gottes und Seine Boten zum Schweigen zu bringen. Die Baalsdiener wollten drei Freunde Daniels in einem Feuerofen ermorden lassen, weil diese sich standhaft weigerten, sich vor einem Götzenstandbild niederzuwerfen und Gott, dem Ewigen, abzuschwören. Doch der Mord misslang. Die standhaften Getreuen Gottes entstiegen unversehrt den lodernden Flammen.

Vergeblich war auch der von den intriganten Priestern mit Hilfe eines neuen Gesetzes geplante Mord an Daniel selbst, als ein neuer König die Herrschaft antrat. Weil er zu Gott, dem Ewigen All-Einen, betete, wurde Daniel zum Tode verurteilt und in eine Grube mit Löwen geworfen, die ihn zerfleischen sollten. Doch Daniel sprach: *„Vater, ich bin die Kraft Deines Lebens, ich fürchte weder Mensch noch Tier"*, und er entstieg nach einer Nacht unversehrt der Löwengrube. Der König änderte daraufhin sein Gesetz und erwies fortan Daniel und Gott, dem Ewigen, ebenfalls seine Achtung.

Daniel diente dem Ewigen als Sein Wortträger in Babylon in unerschütterlicher Treue und widerstand allen Nöten und Angriffen. Vieles, was über den Propheten Daniel überliefert ist, hat der Lügengriffel der Schriftgelehrten verändert. Es sind jedoch noch Auszüge aus der prophetischen Schau des Gottesgesandten Daniel überliefert, die bis in unsere Umbruchszeit hineinreichen.

HESEKIEL

Verschleppt nach Babylon, als Gefangener im Exil, wurde Hesekiel von Gott, dem Ewigen, zum Propheten für Sein Volk berufen.
Eindringlich warnte der Ewige durch Hesekiel das Volk vor den Klerikern: *„Weh den Hirten Israels, die nur sich selbst weiden. Die schwachen Tiere stärkt ihr nicht, die kranken heilt ihr nicht, die verletzten verbindet ihr nicht, die verscheuchten holt ihr nicht zurück, die verirrten sucht ihr nicht, und die starken misshandelt ihr. Und weil sie keinen Hirten hatten, zerstreuten sich Meine Schafe und wurden eine Beute der wilden Tiere."*

Der Ewige offenbarte Hesekiel: *„Sie werden dich fesseln und mit Stricken binden, so dass du nicht mehr zum Volk hinausgehen kannst."*

Wie zu allen Zeiten: Der Teufel versuchte, den Propheten zum Schweigen zu bringen.

Doch der Wortträger des Ewigen ließ sich nicht beirren. Und der Allerhöchste war mit ihm und sprach:
„Fürchte dich nicht vor ihnen, wenn auch Dornen um dich herum sind und du bei Skorpionen wohnen musst. Du sollst Meine Worte zu ihnen reden, mögen sie hören oder nicht. Ich mache deine Stirn so hart wie ihre Stirn, wie Diamant."

Hesekiel war ein Diamant des Einen Gottes und bot der Priesterkaste mutig seine Stirn. Selbstlos dienend gab er das Wort des Ewigen – und wurde von denen erschlagen, zu denen er gesandt worden war.

SACHARJA

Jesus, der Christus, klagte in den Weherufen über die Priesterkaste auch den Mord an dem Propheten Sacharja an. *„Weh euch, ihr Heuchler, über euch kommt all das gerechte Blut, das vergossen ist auf Erden, von dem Blut des gerechten Abel an bis auf das Blut des Sacharja, des Sohnes Berechias, den ihr getötet habt zwischen Tempel und Altar."*

Sacharja brachte dem Volk nach der Rückkehr aus der Babylonischen Gefangenschaft das Ewige Wort des Einen Gottes und kündigte das Kommen des Christus Gottes an, des gerechten und demütigen Königs, der den Kriegsbogen zerbrechen und den Völkern Frieden bringen wird: *„Jerusalem soll ohne Mauern bleiben, Ich selbst will, spricht der Herr, eine feurige Mauer rings um sie her sein"* – um die Bewohner, die Seine Gebote erfüllen: *„Ein jeder erweise seinem Bruder Güte und Barmherzigkeit, und unterdrücke nicht die Witwen, Waisen, Fremdlinge und Armen, und denke keiner gegen seinen Bruder etwas Arges in seinem Herzen. ... Sagt untereinander die Wahrheit! Fällt an euren Stadttoren Urteile, die der Wahrheit entsprechen und dem Frieden dienen."*

Auf die machtvollen Worte des Ewigen durch die Gottespropheten vor Sacharja hatte man nicht gehört, und die Babylonier hatten das Volk und seine Oberen verschleppt. Und auch jetzt wiegelte der Teufel der Vergangenheit, die Priesterkaste mit ihren Hörigen, erneut das Volk gegen Gott, den Ewigen, und Seine Gebote der Gottes- und Nächstenliebe auf.
Abermals richtete der Ewige Sein Wort durch Sacharja gegen die Priester und prangerte deren Verhalten an: *„Um das Vermisste kümmert er sich nicht, das Verlorene sucht er nicht, das Gebrochene heilt er nicht, das Gesunde versorgt er nicht. Stattdessen isst er das Fleisch der gemästeten Schafe und reißt ihnen die Klauen ab. Weh Meinem nichtsnutzigen Hirten, der die Herde im Stich lässt."*

Der Meuchelmord war die Antwort der Priesterkaste, mit der wie zu allen Zeiten das Wort des Ewigen zum Schweigen gebracht werden sollte. Der Gottesprophet Sacharja wurde durch die „Heuchler" zwischen Altar und Tempel ermordet. Und seine überlieferten Worte fielen den Theologen zur Zensur in die Hände.

HABAKUK, URIA, MALEACHI, JOEL

und weitere Wortträger des Ewigen Gottes und rechtschaffene Frauen und Männer wie Onias

Immer wieder schickte Gott, der Ewige, Seine Prophetinnen und Propheten, die die Menschen auch über das Gesetz von Saat und Ernte aufklären. Der Prophet Habakuk kündet: *„Es wird auf dich zurückfallen, wie du die Bäume des Libanonwaldes abgeholzt und die Tiere sinnlos gemordet hast! Du wirst dafür büßen müssen, dass du die Menschen umgebracht und die Städte und Länder zerstört hast!"*
Immer wieder wurden auch die Wortträger des Ewigen selbst ausgemerzt, wie Uria, der im Verbund mit Jeremia als Gottesprophet wirkte und „mit dem Schwert" hingerichtet wurde.
Die unheilvolle Inspiratorin für Krieg, Justizmord, Folter und Lüge ist seit jeher die Priesterkaste. *„Ihr aber seid von dem Wege abgewichen und habt viele zu Fall gebracht durch falsche Weisung"*, so der Weheruf über die Priester durch den Propheten Maleachi.

Der Prophet Joel kündigt an: Gott wird *„Seinen Geist ausgießen über alles Fleisch"*, bevor die großen Schrecken auf die Erde kommen. Denn nur Er selbst ist Rettung und Zuflucht, Gott in uns.

So wie einst Amos wird Joel einer Überlieferung nach erschlagen.

Blutig verfolgt wurden auch viele dem Namen nach nicht mehr bekannte treue Gottesboten, die den Menschen nahebrachten, sich aus den grausamen Klauen des Systems Baal zu befreien. Manchmal sind nur Namen überliefert wie die der ermordeten Propheten Achia und Schemaja.

Selten wird von der furchtbaren Gewalt berichtet, die auch gerechte Frauen und Männer wie Onias erleiden mussten. Als zwei verfeindete Hohenpriester-Söhne für die Erlangung des Hohenpriester-Amtes gegeneinander Krieg führen, in dem Tausende Menschen ermordet werden, verweigert Onias den Befehl, einen der beiden Kandidaten für die äußere Religionsmacht zu verfluchen und spricht stattdessen im Gebet: *„O Gott, König des Weltalls, so bitte ich Dich, Du wollest weder den einen noch den anderen gewähren, was sie über ihre Gegner herabflehen.“* Daraufhin wird er auf der Stelle von wütenden Parteigängern durch Steinigung ermordet.

Alle diese gerechten Männer und Frauen haben mitgewirkt, um der Erlösung durch Christus die Wege zu bahnen und der All-Liebe des Ewigen Gottes, der damals wie heute ruft: Kommt heim, ihr Menschenkinder!

JOHANNES DER TÄUFER UND ZACHARIAS

Die Geschichte war an einen bedrohlichen Kipppunkt angelangt, da die Menschheit bis dahin so verbrecherisch gewütet hatte, dass die Rückentwicklung der menschlichen Seelen drohte – bis hin zur letztlichen Auflösung der Gottesschöpfung im Gesetz von Saat und Ernte, in den Wirkungen der fortgesetzten Grausamkeiten. In dieser Zeit inkarniert auf der Erde ein unmittelbarer Nachkomme des Cherubs des göttlichen Willens in dem Menschen Johannes, zur selben Zeit wie der Sohn Gottes selbst, Christus, der Mitregent der Himmel, in Jesus von Nazareth.

Weil Zacharias, Johannes' Vater, der vom Teufel inspirierten Obrigkeit nicht verrät, wo sich das Kind mit seiner Mutter versteckt, wird er im Tempel erschlagen. Zacharias bekam in seinem Herzen Einblick in den großen Erlöserplan und den Auftrag seines Sohnes, Johannes, im Erdenkleid: *„Und er wird viele der Kinder Israels zu Gott, ihrem Herrn, bekehren. Und er wird vor Ihm [Christus] hergehen im Geist und der Kraft des Elias, zu bekehren die Herzen der Väter zu den Kindern und die Ungehorsamen zu der Weisheit der Gerechten, ein Volk aufzubereiten, damit es bereit ist für den Herrn,"* für das Kommen des Christus in Jesus von Nazareth.

Später ist die Wüste der Zufluchtsort des erwachsenen Gottespropheten Johannes. Er bereitet dem Christus Gottes die Wege und ermahnt zur Umkehr. Johannes ruft das Volk Davids zur Einheit in Gerechtigkeit. Denn nun ist die mächtige Zeitenwende, um mit dem Messias das nahende Gottesreich, das von Jesaja verheißene Friedensreich, aufzubauen: *„Wer zwei Röcke hat, der gebe dem, der keinen hat, und wer Speise hat, tue ebenso. Meint ihr denn, das Blut der Tiere und der Vögel kann Sünde abwaschen? Ich sage euch: Nein. Sprechet die Wahrheit! Seid gerecht, seid barmherzig gegen eure Nächsten und gegen alle Geschöpfe, die da leben, und wandelt demütig mit eurem Gott."* Johannes tauft alle gutwilligen Menschen zum Zeichen ihrer Umkehr mit Wasser, dem Symbol der inneren Reinigung. Die Schrift- und Rechtsgelehrten lassen sich nicht taufen, und Johannes entlarvt die hinterhältigen Vertreter der Priesterkaste als „Schlangenbrut".
Aus Angst vor Aufruhr lässt der König den Gottesboten ins Gefängnis werfen und dort furchtbar quälen, bis dem treuen Wegbereiter für Christus dort der Kopf abgeschlagen wird. Wenig später lässt die Priesterkaste samt dem Königshaus auch Christus, den Sohn Gottes im Erdenkleid, foltern und ermorden – Thron und Altar im teuflischen Verbund, damals wie in späteren Zeiten, bis die „Schlangenbrut" des Systems Baal hinter ihren Kutten und Gewändern entlarvt ist und sich in ihrem Frevel selbst zerstört, wie es alle wahren Gottesboten vorhersagen.

JESUS VON NAZARETH, DER CHRISTUS GOTTES

In Jesus von Nazareth kam das größte Licht aus dem Reich Gottes in diese Welt, Christus, der Sohn des lebendigen Gottes und Mitregent des Reiches Gottes.
Er ist der verheißene Messias, dem höchste Wesen aus dem Reich Gottes vorangegangen waren, die Sein Ewiges Wort auf der Erde verkündeten; unter ihnen waren die Cherubim vor Gottes Thron in den Propheten Abraham, Moses, Elia und Jesaja.

Die Menschen hatten das Wort aus dem Reich Gottes durch Seine Gottespropheten, Seine Lehre der Gottes- und Nächstenliebe, nicht angenommen. So musste Christus, der Sohn Gottes, die schwere Bürde der Menschwerdung auf sich nehmen, um die Seinsschöpfung vor der Auflösung zu retten.

In höchstem Aufruhr trachtete der Dämon mit seinen irdischen Handlangern in Religion und Staat dem inkarnierten Sohn Gottes vom ersten Tag Seines irdischen Daseins an nach dem Leben.

Es ist das uralte Spiel der falschen Schlange, mit dem die Priestergilde aller Zeiten gegen alle Gottespropheten vor Jesus von Nazareth vorging und auch nach Ihm bis heute vorgeht, um zu verhindern, dass die Menschen das Wort Gottes, die ewige Wahrheit der Gottes- und Nächstenliebe aus dem Reich Gottes, erfahren.

Das größte Licht der Himmel, der Sohn Gottes, wuchs als Mensch in einer entbehrungsreichen Kindheit und Jugend heran.
Der Dämon und die Seinen stellten dem heranwachsenden Jesus von Nazareth immer wieder nach, um Ihn zu quälen und in Seinen Glauben an Gott und das Gesetz der Gottes- und Nächstenliebe Zweifel zu säen.
Doch der Christus Gottes, im Erdenkleid Jesus von Nazareth, widerstand allen dämonischen Anfechtungen in unerschütterlicher Treue zu Seinem himmlischen Vater.

Als junger Mann begann Er, das Wort Seines Ewigen Vaters, Seine Botschaft der Gottes- und Nächstenliebe, der Friedfertigkeit und Freiheit zu lehren. Er lebte und wirkte unter den Menschen, Er heilte die Kranken, und viele folgten Ihm nach. Jesus, der Christus, verkörperte das göttliche Gesetz und lebte das Gesetz der Gottes- und Nächstenliebe.

Den Religionsverwaltern und ihren Hörigen hielt der junge Mann Jesus mutig vor: *„Ihr gebt selbst Zeugnis, dass ihr die Söhne der Prophetenmörder seid, macht nur das Maß eurer Väter voll."* Und Er nannte sie Söhne des Vaters von unten, der ein Lügner und Mörder ist von Anfang an.
Die entlarvten Baals-Jünger im Religionsgewand hetzten die staatliche Macht und religionshörige Menschen mit infamen Anwürfen und erlogenen Anschuldigungen gegen Jesus von Nazareth auf.

Viele Menschen wussten um die Lügenhaftigkeit der Priestermänner und die Haltlosigkeit ihrer Anschuldigungen. Doch nur wenige, auch aus dem engsten Umfeld des Jesus von Nazareth, standen fest zu Ihm und boten den heimtückischen Angriffen der Priestergilde die Stirn.
So konnte es geschehen, dass sich der Mensch Jesus von Nazareth, in dem der Christus Gottes einverleibt war, den mörderischen staatlichen Handlangern der Priesterkaste nicht entzog.

So konnte der dämonische Transfer den Willen des Dämons, des Fürsten der Grausamkeit, vollziehen:
Auf Betreiben seiner heimtückischen Mörderpriester wurde der Sohn Gottes von der Staatsmacht verurteilt, von der auf-

gewiegelten Masse verhöhnt, beleidigt, erniedrigt, bespuckt, von den Todesknechten stundenlang auf die grausamste, heimtückischste und unvorstellbar schmerzhafteste Weise gefoltert und schließlich am Marterkreuz zu Tode gequält.

Noch am Schandmal der Priester auf Golgatha wies Christus den Dämon für immer in die Schranken. Mit Seinem Erlöserfunken für jede Seele und jeden beseelten Menschen, einem Teil aus Seinem göttlichen Erbe, bewahrte Er die Seinsschöpfung vor der Auflösung und sicherte die Rettung und Heimführung aller gefallenen Kinder Gottes.

Christus blieb in Gott und ging zurück in das Reich Seines ewigen Vaters, von wo Er in unserer Zeit im Geiste wiederkommt und im Verbund mit der göttlichen Weisheit vollendet, was Er als Jesus von Nazareth verheißen hat: eine neue Erde und einen neuen Himmel und die Rückführung aller gefallenen Seelen und Menschen in das Reich des himmlischen Vaters.

Deshalb ist Sein Ruf Gegenwart:

Ich, Christus, Bin die Auferstehung und das Leben.
Ich komme bald!

STEPHANUS, KURZ NACH DEM MORD AN CHRISTUS GESTEINIGT

Stephanus, Armenpfleger und einer der sieben Diener der Gemeinde in Jerusalem, war ein Mann voller Geist und Weisheit.
Seine Gegner stellten ihn vor den Rat, bestellten falsche Zeugen, die, wie zu allen Zeiten, auch diesen Nachfolger des Jesus von Nazareth mit Lügen überhäuften:
„Dieser Mensch hört nicht auf, Lästerworte zu reden gegen diese heilige Stätte und gegen das Gesetz; denn wir haben ihn sagen hören, dass Jesus von Nazareth diese Stätte zerstören werde und die Satzungen verändern werde, welche uns Moses gegeben hat."

Stephanus erwiderte mit der Sprache des Geistes und führte viele Schriftstellen des alten Testamentes an, um aufzuzeigen, dass Christus der wahre Messias, und dass Sein Evangelium der Gottes- und Nächstenliebe wahrhaftig sei. Er führte den Priestern und ihren Hörigen mit scharfen Worten ihre Blutrünstigkeit vor Augen:

„Ihr Halsstarrigen, die ihr euch mit Herz und Ohr immerzu dem Heiligen Geist widersetzt, eure Väter schon und nun auch ihr. Welchen der Propheten haben eure Väter nicht verfolgt? Sie haben die getötet, die die Ankunft des Gerechten geweissagt haben, dessen Verräter und Mörder ihr jetzt geworden seid, ihr, die ihr durch die Anordnung von Engeln das Gesetz empfangen, es aber nicht gehalten habt."

Durch sein Wort der Wahrheit wurde ihr Zorn umso mehr entzündet, *„denn solches durchschnitt ihre Herzen und sie knirschten mit ihren Zähnen über ihn."*
Stephanus aber sprach: *„Siehe, ich sehe den Himmel offen und des Menschen Sohn stehen zur Rechten Gottes."*
Aufgewiegelt von der Priesterkaste stürmten alle auf ihn los, stießen ihn zur Stadt hinaus und steinigten ihn. Bei dem Mord an Stephanus war der Pharisäer Saulus gegenwärtig, der daran sein Gefallen hatte.

JOHANNES VON PATMOS

Jesus von Nazareth sprach von Seinem Jünger Johannes und dessen Bruder Jakobus und deren Wesen als den „Donnersöhnen", und Er sagte ihnen die Angriffe des Teufels mit den Worten voraus: *„Den Becher, den Ich trinke, werdet ihr trinken."*

Johannes blieb treu bei Jesus, dem Christus, als Dieser gefoltert und gekreuzigt wurde.

Er sorgte in der Folge für Maria, die Mutter Jesu, und war eine der Säulen der Urgemeinde in Jerusalem.

Zusammen mit Petrus brachte Johannes die Lehre des Jesus von Nazareth nach Kleinasien und Rom, wo er das Wüten des „Vaters von unten" zu spüren bekam, dem die Priesterkaste dient und der ein „Mörder und Lügner" war von Anfang an – so wie es Jesus von Nazareth lehrte und es Johannes in seinem Evangelium selbst niederschrieb.

Bei der grausamen Christenverfolgung unter Kaiser Nero wurde Johannes aufs Grausamste gefoltert und auf die Insel Patmos zur Zwangsarbeit in einem Bergwerk verbannt.

Auf Patmos wurde ihm von Christus in einer mächtigen Schau die Apokalypse über die Endzeit der materiellen Welt und der Aufbau des Neuen Jerusalem offenbart:

„Seht, das Zelt Gottes unter den Menschen! Er wird in ihrer Mitte wohnen, und sie werden Sein Volk sein; und Er, Gott, wird bei ihnen sein. Er wird alle Tränen von ihren Augen abwischen: Der Tod wird nicht mehr sein, keine Trauer, keine Klage, keine Mühsal. Denn was früher war, ist vergangen."

Inständig mahnte Christus durch Johannes, der Ihm nun als Prophet diente, der „Hure Babylon" den Rücken zu kehren und aus dem Kult-System der Priester und Priesterhörigen zu fliehen, solange es auf Erden noch möglich ist: *„Tretet aus von ihr, Mein Volk, dass ihr nicht teilhaftig werdet ihrer Sünden und nichts empfanget von ihren Plagen."*

Nach der Verbannungszeit auf Patmos kehrte Johannes als Apostel zurück zu den anderen Nachfolgern des Christus Gottes und lehrte und lebte das Gebot der Gottes- und Nächstenliebe: *„Weil es das Gebot des Herrn ist, und wer dieses hält, tut genug."*

Nichts sonst ist nötig, so seine Botschaft, wodurch er den Hass der immer noch herrschenden Priesterkaste mit ihrem Lügengebäude auf sich zog.

Diese unterwanderte bald auch das frühe Urchristentum, suchte Johannes für ihr neues mörderisches Priester- und Religionssystem zu vereinnahmen und dichtete ihm ein mirakulöses Sterben im hohen Alter an. Anderen Überlieferungen zufolge wurde Johannes jedoch durch die Handlanger des Religionsmolochs ermordet.

DIE VERFOLGUNG DER ERSTEN CHRISTEN

Der Mord der Priesterkaste an Jesus, dem Christus, war die Geburtsstunde der Verfolgung aller Seiner wahren Nachfolger, und das bis zum heutigen Tag.

„Haben sie Mich verfolgt, so werden sie auch euch verfolgen."
Diese Seine Worte haben sich bewahrheitet, wo immer Menschen ernst machen, Ihm, dem Christus Gottes, nachzufolgen. Sie bewahrheiteten sich in einer 2000-jährigen Blutspur durch das Wüten der jeweils herrschenden Priesterkaste, die im Verbund mit der ihr hörigen Staatsmacht gegen das Wort Gottes und Seine Wortträger und gegen die Nachfolger des Jesus von Nazareth vorging.

Unter den ersten Verfolgern der Urchristen tat sich ein junger Mann besonders eifrig hervor: Saulus, der später zu Paulus wurde – vor seinen Augen wurde Stephanus gesteinigt.

Nicht nur in Jerusalem, auch in Rom und im ganzen römischen Reich wurden die ersten Christen verfolgt. Mit den abscheulichsten Lügen hetzte die Priesterkaste gegen sie, und sie wurden den grausamsten Torturen ausgesetzt, die den Inquisitoren in allen Jahrhunderten bei der Verfolgung und Ausmerzung der Christus-treuen Menschen als dämonisches Vorbild dienten.

Jede Bestialität, die die römischen Priesterherrscher den ersten Christen zufügten, wie zerreißen, zerschmettern, aufschlitzen, mit glühenden Zangen traktieren, lebendig verkohlen, verbrennen, ersticken, ertränken, erhängen, vierteilen, rädern, verstümmeln – alles hat die römisch-kirchliche Priesterherrschaft später über die Jahrhunderte immer wieder gegen Christusnachfolger aufleben lassen.

Die priesterlichen Götzendiener Roms betrieben die Verfolgung der ersten Urchristen unter der Herrschaft des Pontifex Maximus, des römischen Kaisers. Nach einiger Zeit zogen sie sich selbst das Mäntelchen „christlich" über. Denn sie erachteten es als das beste Mittel, den Feind zu binden, indem man sich seinen Mantel umhängt.

Später verfolgte die Kult-Priesterschaft die wahren Christen unter ihrem eigenen Pontifex Maximus in Rom, dem römischen Papst.

Unter der römischen Priesterherrschaft und auf Befehl der römischen Kaiser wurden die Nachfolger des Jesus von Nazareth verfolgt, weil sie weder den Abgöttern opfern noch den Kultvorgaben des Kaisers die Ehre erweisen wollten und zudem den Kriegsdienst verweigerten.
Es war wie zu allen Zeiten: Keine Lüge war zu widersinnig, um sie den aufrichtigen und gotttreuen Menschen anzudichten – ihre schlichten Zusammenkünfte im Gedenken an Christus wurden z.B. als rituelle Kindermord-Orgien mit Kannibalismus und Blutschande verleumdet.

Nach dem Brand Roms im Jahr 60 nach Christus wurde der Verdacht immer lauter, Kaiser Nero selbst habe befohlen, die Stadt in Brand zu setzen. Um diese Stimmen zum Schweigen zu bringen, schob Nero die Christen als Schuldige vor und belegte sie mit den grausamsten Strafen.

Nero quälte und opferte sie in einem sadistischen „Schauspiel“. Er ließ sie in Tierhäute einnähen und von Hunden zerfleischen.
Man schnitt ihre Leiber auf, hängte sie ans Kreuz. Oder man verbrannte sie, in ölgetränkte Stoffe verpackt, bei einbrechender Dunkelheit als „Nachtfackeln“.

„Tod den wahren Christen!“ – so hallt es durch die Jahrtausende aus Rom, unter dem Machtsiegel Pontifex Maximus.

PRISCILLA, MAXIMILLA, MONTANUS, QUINTILLA UND DAS PROPHETISCHE WORT DER FRÜHEN CHRISTEN

Jesus von Nazareth hatte es angekündigt: *„Darum spricht die Weisheit Gottes: Ich will Propheten und Apostel zu ihnen senden."* Im 2. Jahrhundert wirkten Priscilla, Maximilla und Montanus als Prophetinnen und Propheten. Gott, der Ewige, sprach durch sie im „Ich Bin". Und Christus *„legte die Weisheit in mich hinein"*, wie Priscilla bezeugt.

„Hört nicht mich, hört vielmehr Christus", so Maximilla. *„Der Herr hat mich gesandt als Offenbarerin, Deuterin des Bundes und der Verheißung."*

Weil jedoch Paulus, von der Romkirche als sogenannter „Heiliger" und Kirchenlehrer verehrt, befohlen hatte: *„Das Weib schweige in der Gemeinde"*, werden Männer als Bischöfe eingesetzt, die das lebendige Gotteswort ablehnen und die Wortträgerinnen mit Rufmord und grausamer Verfolgung bekämpfen. Wie zu allen Zeiten sollte der Geist von den Priesterreligionen ausgelöscht werden.

Der von der Romkirche als „heilig" verehrte Hippolyt lästert, die Urchristen würden *„von Weibern namens Priscilla und*

Maximilla verführt, die sie Prophetinnen nennen, und von denen sie sagen, dass der Geist, der Tröster, auf sie gekommen sei. Sie verehren diese Weiber mehr als die Apostel."

Um das lebendige Wort Gottes durch Prophetenmund zum Schweigen bringen zu können, konstruiert das römische Männersyndikat aus Priestern und Theologen durch die willkürlich zusammengestellte Sammlung aus unzähligen Überlieferungen seine Bibel als das „heilige Wort", um zu triumphieren: „Prophetie sei nun nicht mehr nötig." – Ein folgenschwerer Betrug.

Doch der Geist weht, wo Er will. Frauen wie Quintilla tragen auch in späteren Generationen das prophetische Gotteswort hinaus.

Die im 4. Jahrhundert zur Staatsreligion aufgestiegene römische Machtkirche lässt das prophetische Christentum noch unerbittlicher verfolgen als der frühere heidnische Kaiserkult: Bücher werden beschlagnahmt und verbrannt, wer ein Buch mit Offenbarungen aus dem Reich Gottes versteckt, soll des Todes sterben.

Urchristen werden verbannt, vertrieben, sie dürfen nicht mehr kaufen und verkaufen, keine Verträge abschließen, keine Schenkungen oder Erbschaften annehmen. Versammlungen und das urchristliche Liebesmahl werden verboten.

Hausbesitzer, die den Urchristen Räume bereitstellen, werden enteignet, ihr Haus und wertvolles Hab und Gut der katholischen Kirche überschrieben, Hausverwalter per Gesetz mit lebenslanger Zwangsarbeit in Bergwerken bedroht. Armen, die an die Gottesprophetie glauben, darf nicht mehr geholfen werden.

Die Gebeine von Priscilla, Maximilla und Montanus werden auf Geheiß eines Bischofs ausgegraben und verbrannt. Auch Häuser der Urchristen werden in Brand gesetzt; in ihnen verbrennen bei lebendigem Leib viele Urchristen. Dem Mord durch Priesterhetze folgt die Lüge: Die Urchristen hätten sich selbst in Brand gesteckt, so die Behauptung ihrer Verfolger, die auch alle ihre Zeugnisse vernichten.

So war es damals – wie ist es heute? Solche Lügen bis hin zum Rufmord verwenden die Verfolger der Urchristen bis heute mit Vorliebe. Wie es der Zeitgeist erlaubt: Rufmord oder Mord.

WORTE DES URCHRISTEN PHILEUS

Ehe der Urchrist Phileus von den Priesterhäschern zum Tod verurteilt worden war, schrieb er im Jahr 302 nach Christus aus dem Gefängnis an seine urchristliche Gemeinde in Thumis:

„Die Märtyrer, welche mit uns gekämpft, haben uns gute Exempel zurückgelassen. Denn, wie sie aus der göttlichen Schrift gelehrt waren, so haben sie die Augen ihres Herzens in Gott befestigt und den Tod freiwillig ohne einige Furcht um der Wahrheit willen erlitten. Denn sie dachten allezeit ohne Aufhören, dass unser Herr Jesus Christus um unseretwillen Mensch geworden, und dass Er uns gelehrt, wie wir gegen die Sünde bis zum Tode streiten sollen, denn obschon Er Gott gleich war, hat Er sich selbst erniedrigt, hat die Gestalt eines Knechtes angenommen, ist als ein Mensch befunden worden und hat sich selbst erniedrigt bis zum Tode, ja bis zum Tode am Kreuze, dessen Exempel die Märtyrer nachgefolgt, alle Pein und Torturen erlitten und aufgenommen haben, auf dass sie das Gewissen ihres Glaubens nicht beflecken möchten, denn die vollkommene Liebe, die in ihnen war, trieb die Furcht aus.

Es ist mir nicht möglich, die Kraft, Leidensfähigkeit und Standhaftigkeit dieser Märtyrer auszusprechen, ja es ist fast denjenigen unglaublich, die es mit ihren eigenen Augen gesehen haben; denn es war erlaubt, dass ein jeder nach seinem Willen und Lust den Märtyrern eine Schmach antun und sie nach Belieben peinigen konnte.
Wenn jemand eine neue Art des Peinigens erdenken konnte und herbeibrachte, so durfte er selbst damit peinigen. ...

Als einem jeden von den Heiden volle Macht über die Christen gegeben ward, um ihnen allerlei Verdruss, Spott und Schmach anzutun, ja auf allerlei Weise sie zum Tode zu bringen, da schlugen sie einige mit Stöcken, andere mit Ruten, Geißeln, Peitschen, Besen, Riemen, Stricken und allem, was ihnen in die Hände kam, und dieser Spektakel ist zu Zeiten verändert und erneuert worden durch neue Arten von Plagen und Schlägen, welche die Märtyrer ertragen mussten.
Denn einigen wurden zuerst die Hände auf dem Rücken zusammengebunden, an einen Geißelstoß aufgehängt und alle ihre Glieder durch des Scharfrichters Werkzeuge auseinander gespannt; hernach wurden sie von den Scharfrichtern auf obrigkeitlichen Befehl über ihren ganzen Leib, nicht allein an ihren Seiten, wie man den Mördern zu tun pflegte, sondern auch über ihren Bauch, Schienbeine, Hintern,

etliche an allen empfindlichen Gliedern ihres Leibes mit eisernen Ruten gegeißelt.

Andere wurden mit der einen Hand an das Gewölbe einer Galerie aufgehängt und ihnen alle Glieder ausgespannt, welches jede andere Pein weit übersteigt.

Andere band man Rücken gegen Rücken zusammen und machte sie an Säulen fest, doch so, dass sie mit ihren Füßen den Boden nicht berühren konnten. Je stärker und je gewaltiger die Henker oder ihre Trabanten die Stricke und Seile anzogen, desto mehr wurden die Märtyrer durch das schwere Gewicht ihres Leibes gepeinigt.

Und diese grausame Peinigung dauerte nicht allein so lange, als der Blutrichter sie verhörte, sondern er ließ sie auch zu Zeiten ganze Tage lang in solcher Marter hängen.

Indem nun der Blutrichter von dem einen zu den andern ging, um sie auf der Folterbank zu untersuchen, hat er seine Diener sehr genau auf die vorige Achtung geben lassen, ob jemand von den christlichen Märtyrern, durch die Gewalt der Torturen überwunden, in Ohnmacht fallen würde, gebot auch seinen Scharfrichtern, dass sie dieselben je länger je mehr mit Seilen ausspannen sollten.

Aber wenn sie sehen würden, dass die Märtyrer etwa den Geist aufgeben wollten, so sollten sie dieselben herunterlassen und über die Erde, Steine, Kieselsteine, Topfscherben und Fußangeln schleppen.

Denn sie betrachteten die Christen nicht als Menschen, und wenn es ihnen möglich gewesen wäre, dieselben tausendmal zu töten, so würden sie es mit Vergnügen getan haben.

Trotz allen diesen vorgemeldeten Peinigungen haben die Feinde Christi gegen Seine Gesalbten oder Märtyrer noch eine andere Art der Qual erdacht.
Denn nachdem sie zuerst gemartert worden, haben sie einige mit den Füßen in einen Block gelegt, und ihre Beine mit einer solchen Gewalt so weit auseinander gespannt, als sie nur immer konnten, so dass sie bis ins vierte Loch ausgespannt und festgeschlossen wurden, daher die Leiber der Märtyrer notwendig hinterwärts mit ihren Rücken über den Block liegen mussten, obgleich sie der schon erhaltenen vielen Wunden halber sich weder regen und bewegen konnten. Andere, welche von den Folterbänken oder Folterstöcken abgenommen wurden, haben sie halbtot auf die bloße Erde geworfen, welches viel schrecklicher anzusehen war als die Peinigungen selbst.

Unter diesen starben einige unter des Scharfrichters Händen während des Peinigens, andere, in welchen noch Leben war, wurden halbtot wieder in die Gefängnisse gesteckt, wo sie wenige Tage nachher vor Schmerz starben. Wieder andere genasen und wurden durch die Länge der Zeit, in welcher sie in den Gefängnissen verharren mussten, ganz gesund. Diese wurden jetzt aber noch viel mehr im Glauben befestigt als zuvor, denn einem jeden wurde freie Wahl gelassen, nämlich entweder die schändlichen heidnischen Opfer anzurühren, um dadurch von aller Beschwernis, ja vom Tode selbst erlöst und in Freiheit gesetzt zu werden, oder, wenn sie nicht opfern wollten, das Todesurteil zu empfangen. Ungeachtet dessen haben sie freimütig den Tod erwählt, in der festen Überzeugung dessen, was in Gottes Wort geschrieben steht: ‚Ihr sollt keine anderen Götter neben Mir haben.'"

Die Abkömmlinge der römischen Blutrichter sind die kirchlichen Inquisitoren aller folgenden Jahrhunderte bis auf den heutigen Tag.

1000 JAHRE VERFOLGUNG DER MANICHÄER BIS HIN ZU DEREN AUSROTTUNG

Vom Beginn des 3. Jahrhunderts an breitete sich von Persien aus der mächtige urchristliche Strom der Manichäer über Europa aus und erreichte später auch Nordafrika und Asien bis nach China. Tausende von Menschen folgten der durch Mani erneut auf der Erde verkündeten urchristlichen Friedens- und Freiheitslehre. Es waren Männer, Frauen und Kinder, die ein Leben nach der Gottes- und Nächstenliebe anstrebten, wie es Jesus von Nazareth gelehrt hat.

Jedes Töten, auch das Töten von Tieren, lehnten sie ab, ebenso jegliche heidnischen Lehren, Kulte, Riten und Zeremonien, mit denen die Hierarchie der Kultpriester unter dem Deckmantel „christlich" ihr blutiges Regiment ausübte.

Nur kurze Zeit blieb Mani unbehelligt, ehe nach wenigen Jahren das dämonische Regiment der Talarträger gegen die Christusnachfolger entsprechend ihrem Credo der Ausmerzung zuschlug.

Die Priestergilde intrigierte gegen Mani am persischen Hof, ließ ihn in Ketten in den Kerker werfen, grausam foltern und schließlich ermorden. Nach seinem Tod wurde sein Leichnam geschändet.

Manichäer wurden fortan während fast 1000 Jahren von dem dämonischen System Baal und seinen Baals-Dienern im Priestergewand verfolgt.
Einer der schlimmsten Hetzer und infamsten Rufmörder war der von den Baalsjüngern als „Heiliger" und Kirchenlehrer besonders verehrte Funktionär der Romkirche Augustinus.
Nachdem im 4. Jahrhundert der Katholizismus Staatsreligion im Römischen Reich geworden war, wurden die Manichäer noch erbarmungsloser verfolgt. Wie gegen alle anderen Christusnachfolger vor und nach ihnen ging das Priesterkonstrukt des Vaters von unten mit seinen Schergen in Kirche und Staat mit gnadenloser Grausamkeit gegen sie vor: Männer, Frauen und Kinder wurden verleumdet, von kirchlich ernannten Denunzianten aufgespürt, geächtet, ausgestoßen, aus ihrer Heimat ausgewiesen, ihrer Habe und ihrer Häuser beraubt, gefoltert, verbrannt und grausam ermordet.
Die Manichäer und ihre Schriften wurden von der römischen Priestermacht fast lückenlos vernichtet. Wie bei den vielen anderen Völkern und Gruppen, die von den Schergen der Papstkirche ermordet und ausgelöscht wurden, ist das, was man heute noch über die Hunderttausende von Kirchenopfern weiß, in weiten Teilen nichts anderes als die diabolische Lüge und der abscheuliche Schmutz der klerikalen Täter, mit dem sie ihre Opfer schon zu deren Lebzeiten überzogen hatten.

DIE VERNICHTUNG DER CHRISTEN IN KLEINASIEN

Im 7. Jahrhundert bildeten sich in einer ausgedehnten Region Kleinasiens urchristliche Gemeinschaften, die von der Papstkirche bis heute mit dem Namen „Paulikianer" verspottet werden.
Sie selbst nannten sich Christen und brachten damit schon in ihrem Namen den Gegensatz zum päpstlichen Priesterkonglomerat in Rom zum Ausdruck.

Die Christen unterwarfen sich nicht der Gewaltherrschaft und Sklaverei der Priestergilde und der mit ihr verbündeten Mächtigen.
Deshalb fiel der klerikale Moloch über sie her mit seinem Dogma der Ausmerzung: Männer, Frauen und Kinder wurden verleumdet, verfolgt, ausgeplündert, gefoltert, geköpft, gesteinigt, verbrannt oder auf einen Pfahl gespießt.
In einem einzigen Massaker im Jahr 843 ermordeten die Todesschwadronen 100.000 Männer, Frauen und Kinder.
Diese frevlerische Mordtat verschaffte der damaligen Kaiserin, die diesen Mord befohlen hatte, einen Platz im Kreis der baalistischen Kirchen-„Heiligen".

Wie bei allen verfolgten Nachfolgern des Jesus von Nazareth, bei allen gerechten Männern und Frauen, ist die Überlieferung über die Christen dieser Zeit, über ihr Leben und ihren Glauben, nahezu vollständig von ihren Mördern und Verleumdern geprägt.
Doch zwischen den bis heute verbreiteten Priesterlügen kann man erkennen, was die Diener des Baal veranlasst hat, Hunderttausende gerechte Männer und Frauen und Kinder zu verfolgen und zu ermorden:
Es war – wie in allen Jahrhunderten, und das bis heute – ihr Bekenntnis zu der Botschaft und der Friedenslehre des Jesus, des Christus.
So war es auch bei den Christen in Kleinasien: Für sie war Gott, der Ewige, ein Gott der Liebe; sie hatten freie Gemeinschaften ohne Priester, hatten keine Dogmen, keine Reliquien, keinen Heiligenkult, und sie glorifizierten nicht den Mord des Jesus von Nazareth am Marterkreuz auf Geheiß der Priesterkaste.
Sie lehnten alles Heidnische, Dämonische ab, was die Anhänger des „Gottes“ Baal bis heute unter dem Etikettenschwindel „christlich“ verbreiten.
Deshalb wurden auch sie mit bestialischer Grausamkeit systematisch dem Götzen Baal auf dem Altar des Völkermordes geopfert.

DIE AUSMERZUNG DER GOTTESFREUNDE, DER BOGUMILEN

Um das Jahr 1000 nach Christus erhob sich in Südosteuropa erneut der urchristliche Strom. Immer mehr Menschen, die „Bogumilen" – Gottesfreunde – genannt werden, weigerten sich, sich dem dämonischen Transfer in Rom und seinem heidnischen Kirchenglauben zu unterwerfen.

Sie wurden wegen ihres Bekenntnisses zu Gott, dem Ewigen, und Seinem Sohn, dem Friedens- und Freiheitslehrer Jesus, dem Christus, erbarmungslos und mit unvorstellbarer Brutalität auf Geheiß des römischen Konstrukts verfolgt. Deren oberster Priester verhängte über sie den kirchlichen Verdammungsfluch des Anathema und befahl sie damit der schrankenlosen Willkür und Mordlust seiner Hörigen an.

Über Jahrhunderte wurden die Bogumilen von den Vasallen des Lügenmolochs in Rom verleumdet, ihres Eigentums, ihrer Häuser beraubt, in Kerker und Verliese geworfen, gefoltert, verstümmelt, versklavt, auf Scheiterhaufen verbrannt. Man stach ihnen zu Tausenden die Augen aus zur Verhöhnung ihres Glaubens an das innere Licht. Kein Verbrechen im Bannkreis der Kleriker, von den Kreuzzügen bis zu den Folterqualen der Inquisition, wurde ihnen erspart.

Dieses dämonische Wüten vollzog sich über Jahrhunderte bis in die entferntesten Dörfer und Siedlungen hinein.
Was entzündete den teuflischen Hass der Despoten im Kirchentalar? Es war wie zu allen Zeiten: Durch erleuchtete Männer und Frauen wussten die Bogumilen um das wahre Wort Gottes, wie es Jesus von Nazareth, der Christus Gottes, gelehrt hat, und um das Licht des Freien Geistes, Gott, in jedem Menschen.
Sie bemühten sich um ein Leben nach den Geboten Gottes und der Bergpredigt des Jesus von Nazareth in Frieden, Freiheit und Einheit und in Achtung vor allem Leben.
Sie lebten tugendhaft und in Bescheidenheit ohne Herrscher und Untergebene und verweigerten dem Gewaltmoloch der Machtkirche die Gefolgschaft.
Seine heidnischen Insignien, Kirchenbauten, Klöster, Priester, Kruzifixe, Kulte, Riten, Zeremonien, Pomp und Reliquien lehnten sie ab, seine Lehre eines unbarmherzigen Kirchengottes entlarvten sie als Werk des Widersachers Gottes.
Ein halbes Jahrtausend hielt das Wüten des dämonischen Transfers der Mächtigen in Kirche und Staat an.
Dann hatten die kirchlichen Machthaber und ihre weltlichen Vasallen nicht nur alle Bogumilen ausgelöscht, sondern auch weitgehend die Erinnerung an sie.
Was übrig blieb, fiel der Fälschung durch den Lügengriffel der Priesterkaste zum Opfer.

DER PÄPSTLICHE AUSMERZUNGSFELDZUG GEGEN DIE KATHARER

Von Südfrankreich aus breitete sich um das Jahr 1000 über rund vier Jahrhunderte hinweg der urchristliche Strom erneut in Europa aus. Die „Freunde Gottes", wie sie sich nannten, waren als Nachfolger des Jesus von Nazareth bescheidene, friedliebende Menschen, die mit großem Fleiß von ihrer Hände Arbeit lebten, in Achtung vor der Natur und in Einheit mit den Tieren, die sie nicht verzehrten.

Sie glaubten an die Reinkarnation und an eine jenseitige geistige Welt. Sie strebten die innere Reinheit an, wovon sich der Name „Katharer", „die Reinen", ableitet – ein Name, den ihnen diejenigen Mitmenschen gaben, von denen sie aufgrund ihrer Lebensweise hochgeschätzt wurden.

Von der Priesterkaste in Rom wurden sie mit abgrundtiefem Hass und unvorstellbarer Grausamkeit verleumdet und verfolgt, weil sie den heidnischen Priesterkult der Papstkirche in Rom ablehnten und sich jeder Vereinnahmung durch die Priestergilde widersetzten. Die Priestergilde überzog nach ihrem päpstlichen Credo der Ausmerzung von Rom aus mit ihren Vasallen jahrhundertelang ganze Landstriche, in denen „Freunde Gottes" lebten, mit schlimmsten Verbrechen, Terror, Mord und Verderben.

Die Kirchenschergen begingen unvorstellbare Massaker bis hin zum Völkermord und hinterließen eine Spur von Verwüstung und unermesslichem Leid.
Die kirchlichen Mörderbanden kannten kein Erbarmen. Keine Untat, keine Folter, keine Qual, kein Verbrechen an Männern, Frauen und Kindern im Dienste der Romkirche, die ihnen dafür ewigen Ruhm versprach, war ihnen zu abscheulich. Sie folterten, rissen ihren Opfern die Zunge aus, mauerten sie lebendig ein, ließen sie verhungern oder verbrannten sie.
Nur wenige Einzelschicksale sind überliefert und geben Zeugnis von der diabolischen Grausamkeit im Auftrag des römischen Kultmolochs: Eine schwangere Gottesfreundin stießen sie in einen Brunnen und bewarfen sie so lange mit Steinen, bis man ihr Wimmern nicht mehr hörte. Eine sterbende ältere Frau verbrannten sie lebendig, mitsamt ihrem Krankenbett.
Im Jahr 1209 ließ der römische Papst in einem „Kreuzzug" in der Stadt „Beziérs" auf einmal wahllos 20.000 Männer, Frauen und Kinder in einem grauenhaften Massaker erschlagen, weil in dieser Stadt viele „Freunde Gottes" lebten.
Rund 400 Jahre lang setzte die Romkirche ihre Mörderbanden immer wieder gegen die Nachfolger des Jesus von Nazareth in Marsch, bis die Mörder die völlige Ausmerzung der Katharer verkündeten. Auch die Wahrheit über die Katharer merzten sie aus und ersetzten sie durch ihre Priesterlügen.

DIE VERFOLGUNG DES AMALRICH VON BENA

und des urchristlichen Stromes in Frankreich

Während die Katharer den Süden Frankreichs im urchristlichen Geist verändern, scharte um 1200 im Norden Amalrich von Bena, Erzieher des Thronfolgers und Lehrer der Freien Künste an der Universität Paris, weitere Menschen um sich, die erkannten:
Gott ist der Freie Geist in allem Leben, Kirchensakramente sind nutzlos und Heiligen- und Reliquienverehrung „Götzendienst".
Davon aufgeschreckt, verurteilte Papst Innozenz III. Amalrich als Irrlehrer, was diesen in den frühen Tod trieb. Unter Amalrichs Schüler schleuste der dämonische Transfer von Kirche und Staat zwei Priester als Spione ein, um „Belastungsmaterial" zu sammeln, damit die Romkirche auch sie ermorden lassen könne. Dafür versprachen die Diener des „Vaters der Lüge" den Spitzeln „Vergebung ihrer Sünden".
Die wahren Christen jedoch zeichnete vorbildliche Ehrenhaftigkeit und Charakterstärke aus. Sie waren überzeugt: Ein neues Zeitalter beginnt, das vom Gottesgeist geprägt sein wird, ohne Priester- und Kirchenhierarchie, und alle Seelen werden einst zu Gott zurückkehren.

Als der Erzbischof von Paris das vernahm, verlangte er wegen dieser angeblich „teuflischen Erfindungen" die allerhärtesten möglichen Strafen. Damit gab die Priesterkaste ihren Hörigen im Staat einmal mehr das Todesurteil vor, was diese vollzogen.
Zehn verantwortliche Männer der auch als „Sekte des Freien Geistes" verspotteten Christen wurden auf einem Scheiterhaufen außerhalb der Stadtmauern von Paris aneinandergefesselt und in Anwesenheit des kirchenunterwürfigen Königs lebendig verbrannt.
Das Lesen von Schriften Amalrichs wurde verboten, und man versprach jedem Schonung, der all seine Schriften Amalrichs vernichtet und sich erneut der Romkirche unterwirft. Weitere Hinrichtungen folgten, und die Zeugnisse der christlichen Lehre, wie sie von Amalrich gelehrt worden war, wurden vernichtet.
Was blieb, waren die Schriften der Lügengriffel der kirchlichen Gegner. Auf dem Laterankonzil 1215 in Rom wurde Amalrichs Lehre offiziell als „höchst pervers" und vom „Vater der Lüge" stammend verdammt.

Amalrichs Gebeine wurden aus dem Grab geholt und in „ungeweihter“ Erde neu verscharrt. Alles sollte beseitigt werden, was an die Rückkehr zum urchristlichen Glauben erinnern könnte.
Der König, einst von Amalrich unterrichtet, ordnete nun die Verbrennung auf dem Scheiterhaufen für alle Christen an, die in Zukunft von der Doktrin der Papstkirche und ihren Forderungen abweichen. So wurde die urchristliche Bewegung im Zentrum Frankreichs vollständig ausgelöscht.

Die Vertreter der Romkirche jedoch feierten die Ermordung der Urchristen und Vernichtung aller ihrer Schriften. „Dank ‚Gottes‘ Gnade“ sei das „Unkraut ausgejätet“ worden, was bedeutet: Aufgrund des teuflischen Wütens der mörderischen Kirchenreligion wurde erneut das aufflammende Licht des urchristlichen Stroms vernichtet.

DIE VERNICHTUNG DER BRÜDER UND SCHWESTERN DES FREIEN GEISTES

durch das päpstliche Ausmerzungskommando

Sie nannten sich Brüder und Schwestern des Freien Geistes und trafen sich ab dem 13. Jahrhundert in vielen freien Gemeinschaften unterschiedlicher Art. Sie lebten in dem Bewusstsein „Gott in uns". Sie ehrten Gott, den Ewigen, und erkannten Seine Gegenwart in der ganzen Schöpfung. Und sie wurden, wie alle urchristlichen Gemeinschaften, nach dem päpstlichen Vernichtungsdiktat grausam verfolgt, gefoltert und ermordet.

Im ausgehenden 15. Jahrhundert waren sie spurlos ausgelöscht; Berichte über sie finden sich nur noch in den Protokollen ihrer katholischen Vernichter.

Die Brüder und Schwestern des Freien Geistes durchschauten den römischen Priester- und Sakramentekult und lehnten ihn ab.

Weil sie sich keinen kirchlichen Glaubenszwängen und Kulthandlungen beugten, wurden sie erniedrigt und öffentlich gebrandmarkt.
Sie wurden über zwei Jahrhunderte ausgegrenzt, verfolgt, verhöhnt, der Willkür ausgesetzt, betrogen, beraubt und gefoltert. Ihre Häuser wurden zerstört oder von dem verbrecherischen Transfer der römischen Kultpriester an sich gerissen. Sie wurden von dem mörderischen System der römischen Kleriker in den Kerker geworfen, bis sie unter unsagbaren Folterqualen elendiglich starben.

Keine Barbarei war den teuflischen Papst-Vasallen zu grausam: Den Brüdern und Schwestern des Freien Geistes wurden die Zungen abgeschnitten, sie verendeten versklavt qualvoll auf den Galeeren. Sie wurden eingemauert oder bei lebendigem Leib verbrannt – eine bevorzugte Folter des diabolischen Paktes von Kirche und Staat.

Der Transfer von Kirche und Staat verfolgte sogar noch die Nachkommen der Urchristen. In diabolischer Perfidie wurde ihre Verfolgung gesetzlich angeordnet – mit Ausnahme derjenigen, die ihre eigenen Eltern zuvor selbst auf den Scheiterhaufen gebracht hatten.

Unaussprechliches mussten Nachfolger des Jesus, des Christus, erleiden durch die Machtbesessenheit der Romkirche. Die katholische Priesterkaste und ihre Vollstrecker zerstörten Familien und verwandelten ganz Europa in ein Meer voller Tränen, Blut und Qualen.

Auch Tausende von Frauen und Männern, die „Beginen" und „Begarden" genannt wurden, verbrannten lebendig auf den Scheiterhaufen der Machtkirche.
Sie strebten ein Leben der Gottes- und Nächstenliebe an, einzig im Freien Geist, also außerhalb der Kirche.
Das war dem dämonischen Moloch mit seinem Zwangssystem zuwider und führte zur Ausmerzung der Beginen und Begarden.

Wieder hatte „der Vater von unten, der Lügner und Mörder von Anfang an", wie Jesus von Nazareth ihn nannte, eine urchristliche Bewegung und die Erinnerung an sie ausgelöscht, um seinen dämonischen Etikettenschwindel im Mäntelchen „christlich" aufrechtzuerhalten. Damals Rom – und heute?

MARGUERITE PORETE

Marguerite Porete aus dem Norden Frankreichs schilderte in ihren Schriften, wie sie selbst lernte, Gott in sich und in jeder Kreatur zu schauen.
Dafür wurde sie von der Papstkirche im Jahr 1310 auf dem Scheiterhaufen bei lebendigem Leib verbrannt.

Marguerite lehrte, dass es zwischen der freigewordenen Seele und Gott keiner Vermittlung bedarf und die eigene Gotteserfahrung sich einzig durch Gottes- und Nächstenliebe erschließt.
Die eigene Seele wird auf dem von ihr geschulten „siebenstufigen Weg zurück zu Gott" zum Buch, in das der Gottesgeist sich selbst einschreibt. Dann lebt sie unmittelbar aus der göttlichen Fülle, der unerschöpflichen Quelle der Liebe. Sie stand für die Befreiung aus der Gefangenschaft der kirchlichen Lehrkonstrukte ein, weshalb Marguerite der katholischen Inquisition, in deren Fänge sie geraten war, auch die Fähigkeit und Befugnis absprach, ihr Werk zu beurteilen.

Als Marguerite Porete sich weigerte, sich dem Urteil der Romkirche zu unterwerfen und der Ladung vor die römisch-katholische Inquisitionsbehörde Folge zu leisten, wurden ihre Schriften verbrannt und sie selbst in den Kerker geworfen. Die Inquisitoren versuchten vergeblich, Marguerite zum Widerruf ihrer Schriften zu bewegen und dazu, sich ihnen zu unterwerfen.

Nach eineinhalb Jahren Kerkerhaft warfen Theologen der Romkirche Marguerite schließlich in einem Gutachten Abweichungen von der katholischen Lehre vor, was automatisch ihr Todesurteil bedeutete ...
Das Urteil wurde am Pfingstsonntag, den 31. Mai 1310, in Anwesenheit des Bischofs verkündet, und entsprechend katholischer Tradition wurde Marguerite der Staatsmacht überantwortet – zur Ausführung des Mordes im Auftrag der Priester.
Am nächsten Tag schleppten die staatlichen Büttel des dämonischen Transfers die mutige und von schlimmer Kerkerhaft gezeichnete Frau in Paris auf den Scheiterhaufen.
Sie setzten das Holz in Brand und weideten sich am Foltertod der Nachfolgerin Jesu, der Gottesbotin und geistigen Lehrerin, die qualvoll zu Tode gemartert wurde, zur teuflischen Ehre der römischen Hydra und zur niederträchtigen Erbauung der bestialischen Religionsgilde.

GIROLAMO SAVONAROLA

Girolamo Savonarola klagte im 15. Jahrhundert die katholische Kirche an: Ihre Priester haben *„Feste des Teufels eingeführt"* und *„vergewaltigen Frauen und Mägde, ja sogar Kinder."* So war es damals – wie ist es heute?

„Gott lügt nicht, und Er spricht mit mir", so Savonarola. Er baute in Florenz ein Gemeinwesen auf, um dort wahre christliche Werte im Geiste der Bergpredigt des Jesus von Nazareth zu verwirklichen.
Er war überzeugt, auch die Anhänger Mohammeds würden sich anschließen, wenn die Einwohner der Stadt zu leuchtenden Vorbildern eines Lebens nach den göttlichen Geboten würden.
Goldene Kreuze und Kelche aus dem Kirchenschatz verkaufte der Mönch Savonarola, um mit dem Erlös die Armen zu speisen.
Als während eines schweren Sturms ein Blitz in die Kuppel des Domes einschlug, war dies für ihn ein Menetekel, dass das Gericht über die Priesterkirche schon begonnen habe.
Um den prophetischen Geist zum Schweigen zu bringen, bot der Papst ihm den Kardinalshut an, den Savonarola

genauso ablehnte wie eine Ladung ins Zentrum des vatikanischen Machtmolochs nach Rom. Die Antwort darauf: Kerker, Folter und Mord.

Unerschrocken und in Demut hielt Savonarola den Vasallen der Finsternis entgegen: *„Andere Propheten waren in noch schlimmerer Lage als ich“*, worauf er immer grausamer gefoltert wurde, bis er „mit ausgerenkten Gliedern und den Leib zu einer blutigen Masse zerschunden“ aussprach, was die Kirchenmacht aus ihm herauspresste, um ihn ermorden zu können.

Savonarola widerrief sofort nach Ende der grausamen Folterqualen. Umsonst.

Bei der öffentlichen Hinrichtung am 23. Mai 1498 auf dem Marktplatz von Florenz höhnte der Bischof von der „triumphierenden Kirche“ und riss Savonarola dabei das Gewand vom durch Folterqualen geschundenen Leib.

Zusammen mit zwei treuen Begleitern wurde er gehängt und auf dem Scheiterhaufen verbrannt.

Heute erwägen die Rechtsnachfolger und Abkömmlinge seiner Mörder, die ihn auf den Folterbock einspannen ließen, eine heuchlerische „Seligsprechung“, um ihn abermals für ihre diabolischen Interessen einzuspannen.

DIE VERFOLGUNG DER GOTTESBOTEN VON ZWICKAU DURCH MARTIN LUTHER

Im sächsischen Zwickau wirkten um das Jahr 1520 schlichte Menschen, die das Wort Gottes in sich vernahmen.
Martin Luther wütete voller Hass gegen sie. *„Eurem Geist haue ich auf die Schnauze"*, pöbelte er, und sein Verbündeter Melanchthon forderte vom Staat, die Propheten zu ermorden und ihre urchristliche Bewegung auszurotten. Warum? Weil sie verkündeten, dass weder die katholische noch die evangelische Lehre mit der göttlichen Wahrheit übereinstimmen, dass Priester und Sakramente nutzlos sind, und dass die Säuglingstaufe gegen Gottes Willen ist.
Angesichts großer sozialer Not und der Ausbeutung und der Gewalt durch Kirche und Fürsten riefen sie die Bevölkerung zu einem Leben nach den Geboten Gottes auf. Die Antwort des Machtmolochs von Kirche und Staat: Vertreibung und Zerschlagung der urchristlichen Bewegung.

Wenige Jahre später erfüllte sich, was im Willen von Martin Luther lag: Zehntausende von Bauern wurden in blutigen Massakern ermordet.
Martin Luther: *„Prediger sind die allergrößten Totschläger. Denn sie ermahnen die Obrigkeit, dass sie entschlossen ihres Amtes walte und die Schädlinge bestrafe. Ich habe im Aufruhr alle Bauern erschlagen; all ihr Blut ist auf meinem Hals. Aber ich schiebe es auf unseren Herrgott; der hat mir befohlen, solches zu reden."*

Durch alle Zeiten zieht sich der mörderische Ratschluss der Priester und ihrer Priesterreligionen, und sie, die „allergrößten Totschläger", stehen in Amt und Würden bis auf den heutigen Tag.

DIE BRÜDER UND SCHWESTERN IN CHRISTUS

Wie im Mittelalter die „Brüder und Schwestern des Freien Geistes", so lebten im 16. und 17. Jahrhundert die „Brüder und Schwestern in Christus" in der Nachfolge des Jesus von Nazareth: als freie Bruderschaften ohne Priester und Hochgestellte, ohne den Kultaberglauben aus Rom.
Weil sie die Zwangstaufe von Säuglingen ablehnten und sich für eine freie Nachfolge Christi entschieden, bezeichnete sie die Priesterkaste verächtlich als „Wiedertäufer". Sie selbst nannten sich auch „Die Taufgesinnten".

Ihrer Treue zum Evangelium des Jesus von Nazareth wegen wurden sie von den Verfechtern der Zwangstaufe, der katholischen und der evangelischen Priestermacht, in vielen Ländern Europas ohne Erbarmen über Jahrzehnte verfolgt und mit unvorstellbarer Grausamkeit ermordet.
Sie selbst lehnten Gewaltanwendung, Kriegsdienst und Kriege ab und führten ihr Leben in kleinen Gemeinschaften in der aufrichtigen Nachfolge des Jesus von Nazareth.
Deshalb mussten sie unsagbare Not, Torturen, Ächtung und den gewaltsamen Tod erleiden!

Die „Brüder und Schwestern in Christus" wurden denunziert, außer Landes verwiesen, als Sklaven auf Galeeren angekettet und zu Tode geschunden, in Verliese geworfen und grausam gefoltert.

Übten die Kirchenmänner „Milde", dann fanden die freien Nachfolger des Jesus von Nazareth einen schnelleren Tod – sie wurden enthauptet oder ertränkt, ansonsten lebendig begraben oder verbrannt, manche im eigenen Haus, das man in Brand setzte.
Einigen riss man die Zunge heraus, andere wurden mit glühenden Zangen gemartert und gemordet. *„Groß ist die Zahl der Schlachtopfer, welche für ihre Ketzereien auf Befehl des Kaisers lebendig begraben wurden. Grauen und Entsetzen ergreift einen."* So schrieb ein Geschichtsforscher.

Wieder wurden gerechte Männer und Frauen zu Schlachtopfern der Priesterkaste mit ihren konfessionellen Religionskulten, die Nachfolger des Jesus von Nazareth niedergemordet und ausgemerzt.

Wie die Gottespropheten im Alten Bund, hatten auch sie ihre Stimme gegen die Versklavung und Unterdrückung der Armen durch Fürsten, Bischöfe und Klöster erhoben.

Sie hatten sich dem Antichristentum, wie sie es nannten, nicht unterworfen, sondern blieben standhaft in ihrer Treue zu Gott, dem Freien Geist, und wurden deshalb auf Geheiß der damaligen Priesterkaste ausgelöscht.

Die Verfolgung kannte kein Erbarmen. Als ein Häscher der Inquisition bei der Verfolgung eines „Täufers" im Eis eines Weihers einbrach, kehrte der Verfolgte um, um seinem Verfolger zu helfen, und rettete ihm das Leben.
Trotzdem wurde der „Ketzer" gefangen genommen und ohne Gnade auf dem Scheiterhaufen verbrannt.

Die Fratze der diabolischen Götzendiener hüllte sich, wie zu allen Zeiten, in das Mäntelchen der „christlichen" Kirchenfrömmigkeit. Unter ihren geschmückten Talaren jedoch häuften sich die Gebeine unschuldiger Männer und Frauen an, so wie Jesus von Nazareth sprach: *„Sie sind wie übertünchte Gräber, außen hübsch anzusehen, aber innen voller Moder und Verderben."*

DAS GEBET EINES VERFOLGTEN

Leonhard Schiemer, 1526

»Wir bitten dich, ewiger Gott,
neig zu uns deine Ohren,
heiliger Herr Zebaoth,
du Vierfürst der Heerscharen,
vernimm die Klag: Ungemach und Plag
hat überhand genommen.
Der Behemoth (Ungeheuer)
mit seiner Rott' ist in dein Erbteil kommen.
Es haben sich zu ihm verpflicht
viel der vermeinten Christen,
den wüsten Gräuel aufgericht'.
Sie toben und vernichten.
Das Heiligtum der Christen fromm,
das haben sie zertreten.
Der wüst' Unflat an deiner Statt
lässt sich als Gott anbeten.
Dein heilig statt hond sie zerstört,
dein Altar umgegraben,
dazu auch deine Knecht ermord't,
wo sie's ergriffen haben.

Nur wir allein dein Häuflein klein,
sind wenig übrig geblieben,
mit Schmach und Schand durch alle Land
verjaget und vertrieben.
Wir sind zersteut gleich wie die Schaf',
die keinen Hirten haben,
verlassen unser Haus und Hof,
und sind gleich dem Nachtraben,
der sich auch oft
aufhält in Steinklufft.
In Felsen und in Kluften
ist unser Gemach,
man stellt uns nach,
wie Vöglein in der Luften.
Wir schleichen in den Wäldern um,
man sucht uns mit den Hunden,
man führt uns als die Lämmlein stumm
gefangen und gebunden.
Man zeigt uns an
vor jedermann,
als wären wir Aufrührer,
wir sind geächt'
wie Schaf zur Schlacht
als Ketzer und Verführer.

Viel' sind auch in den Banden eng
an ihrem Leib verdorben,
etliche durch die Marter streng
umkommen und gestorben
ohn' alle Schuld; hie ist Geduld
der Märtyrer auf Erden.
Man hat sie an die Bäum' gehenkt,
erwürget und zerhauen,
heimlich und öffentlich ertränkt
viel Weiber und Jungfrauen.
Die haben frei ohn' alle scheu
der Wahrheit Zeugnis geben,
daß Jesus Christ die Wahrheit ist,
der Weg und auch das Leben.
Noch tobt die Welt und ruhet nicht,
ist gar unsinnig worden,
viel Lügen sie auf uns erdicht',
mit Brennen und mit Morden
tut sie uns bang.

O Herr, wie lang
willst du dazu doch schweigen?
Richt den Hochmut, der Heiligen Blut
lass Dein Thron aufsteigen!«

VERHÖR, FOLTER UND ERMORDUNG DER ELISABETH IM JAHRE 1549 DURCH PAPSTGESINNTE

Entnommen dem Buch „Märtyrerspiegel“ 1660

»Den 15. Januar des Jahres 1549 wurde Elisabeth gefangen genommen. Als nämlich diejenigen, die sie fangen sollten, ins Haus kamen, wo sie wohnte, fanden sie daselbst ein lateinisches Testament. Sie ward vor den Rat gestellt und auf den Eid gefragt, ob sie auch einen Mann hätte?
Elisabeth antwortete jedoch: „Es ist uns nicht erlaubt zu schwören, sondern unsere Worte sollen sein: Ja, ja; nein, nein; ich habe keinen Mann.“

Die Herren: „Wir sagen, dass du eine Lehrerin seiest, welche die Menschen verführt; solches haben wir auch von dir sagen gehört; wir wollen wissen, wer deine Freunde seien.“

Elisabeth: „Mein Gott hat mir geboten, dass ich meinen Herrn und meinen Gott lieben, daneben aber meine Eltern ehren soll; darum will ich euch nicht sagen, wer meine Eltern seien;

denn dass ich um des Namens Christi willen leide, ist meinen Freunden keine Unehre."

Die Herren: „Hiermit wollen wir dich verschonen; aber wir wollen wissen, welche Menschen du gelehrt hast."

Elisabeth: „Ach nein! Meine Herren, lasset mich doch in dieser Sache zufrieden, und fragt mich über meinen Glauben; davon will ich euch gerne Rechenschaft geben."

Die Herren: „Wir wollen dir schon so bange machen (= foltern), dass du es uns sagen wirst."

Elisabeth: „Ich hoffe durch Gottes Gnade, dass Er meine Zunge bewahren wird, dass ich keine Verräterin werde und meine Brüder nicht dem Tode überantworte."

Die Herren: „Wer war dabei, als du getauft wurdest?"

Elisabeth: „Christus sprach: Fragt diejenigen darum, die dabei waren, oder die es gehört haben."

Die Herren: „Nun merken wir, dass du eine Lehrerin seiest, denn du willst es Christus nachmachen."

Elisabeth: „Nein, meine Herren, das sei ferne von mir, denn ich achte mich nicht höher als der Ausfegsel, welches aus des Herrn Hause gekehrt wird."

Die Herren: „Was hältst du denn von dem Hause Gottes? Hältst du unsere Kirche nicht für das Haus Gottes?"

Elisabeth: „Nein, meine Herren, denn es steht geschrieben: Ihr seid der Tempel des lebendigen Gottes, wie Gott spricht: Ich will in ihnen wohnen und wandeln."

Die Herren: „Was hältst du denn von unserer Messe?"

Elisabeth: „Meine Herren, ich halte nichts von eurer Messe; halte aber viel von allem, was mit Gottes Wort übereinkommt."

Die Herren: „Was hältst du von dem hochwürdigen, heiligen Sakramente?"

Elisabeth: „Ich habe mein lebenlang in der Heiligen Schrift von einem heiligen Sakramente nicht gelesen, wohl aber von dem Abendmahle des Herrn."

Die Herren: „Schweige, denn der Teufel redet durch deinen Mund."

Elisabeth: „Meine Herren, dies ist eine kleine Sache, denn der Knecht ist nicht besser als sein Herr. (Denn auch Ihm wurde gesagt, der Teufel rede durch Ihn.)

Die Herren: „Was redete der Herr, als Er Seinen Jüngern das Abendmahl gab?"

Elisabeth: „Was gab Er ihnen, Fleisch oder Brot?“

Die Herren: „Er gab ihnen Brot.“

Elisabeth: „Blieb aber der Herr nicht daselbst sitzen? Wer wollte denn des Herrn Fleisch essen?“

Die Herren: „Was hältst du denn von der Kindertaufe, da du dich hast wiedertaufen lassen?“

Elisabeth: „Nein, meine Herren, ich habe mich nicht wiedertaufen lassen; ich habe mich einmal auf meinen Glauben taufen lassen; denn es steht geschrieben, dass den Gläubigen die Taufe zukomme.“

Die Herren: „Sind denn nun unsere Kinder verdammt, weil sie getauft werden?“

Elisabeth: „Nein, meine Herren, das sei ferne von mir, dass ich die Kinder richten sollte.“

Die Herren: „Suchest du deine Seligkeit nicht in der Taufe?“

Elisabeth: „Nein, meine Herren, alles Wasser im Meere kann mich nicht selig machen, aber die Seligkeit besteht in Christus, und Er hat mir geboten, Gott, meinen Herrn, über alle Dinge und meinen Nächsten wie mich selbst zu lieben.“

Die Herren: „Haben die Priester auch Macht, die Sünden zu vergeben?"

Elisabeth: „Nein, meine Herren, wie sollte ich das glauben? Ich sage, dass Christus der einzige Priester sei, durch welchen die Sünden vergeben werden."

Die Herren: „Du sagst, dass du alles glaubst, was mit der Heiligen Schrift übereinkommt, hältst du denn nichts von den Worten Jakobus?"

Elisabeth: „Ja, meine Herren, wie sollte ich nichts davon halten?"

Die Herren: „Hat er nicht gesagt: Gehe zu den Ältesten der Gemeinde, dass sie dich salben und für dich bitten?"

Elisabeth: „Ja, meine Herren; aber wolltet ihr denn sagen, dass ihr von der selben Gemeinde seid?"

Die Herren: „Ihr behauptet: Der Heilige Geist hat euch alle selig gemacht, ihr bedürfet weder der Beichte noch des Sakramentes."

Elisabeth: „Meine Herren, ich bekenne wohl, dass ich die Satzungen des Papstes, die durch des Kaisers Befehle bestätigt sind, übertreten habe; aber beweiset mir in einem einzigen Artikel, dass ich mich an meinem Herrn und Gott versündigt habe, so will ich Ach und Weh über mich armen und elenden Menschen rufen."

Das Vorstehende ist das erste Bekenntnis. Hinterher stellten sie dieselbe abermals vor den Rat und führten sie in den Folterturm, wobei auch der Scharfrichter Hans gegenwärtig gewesen ist.

Hiernächst sagten die Herren: „Wir sind nun schon lange in der Güte mit dir zu Werke gegangen, wenn du aber nicht bekennen willst, so wollen wir dich mit der Strenge angreifen."

Der Anwalt sprach: „Meister Hans, greife sie an."

Meister Hans antwortete: „Ach nein, meine Herren, sie wird wohl freiwillig bekennen."

Als sie aber nicht freiwillig bekennen wollte, setzte er ihr Daumeisen an ihre beiden Daumen und an die beiden vordersten Finger, dass das Blut zu ihren Nägeln herausspritzte.

Elisabeth sprach: „Ach, ich kann es nicht länger ertragen!"

Die Herren sagten: „Bekenne, so wollen wir deine Pein erleichtern."

Aber sie rief den Herrn, ihren Gott, an: „Hilf mir, o Herr! Deiner armen Dienstmagd, denn Du bist ein Nothelfer."

Die Herren riefen alle: „Bekenne, so wollen wir deine Pein erleichtern, denn wir haben dir gesagt, dass du bekennen, nicht aber Gott, den Herrn, anrufen sollst."

Sie aber sprach beständig zu Gott, ihrem Herrn, wie oben berichtet worden ist; und der Herr erleichterte ihre Pein, so dass sie zu den Herren sagte: „Fraget mich, ich will euch antworten, denn ich fühle keine Pein mehr in meinem Fleische wie zuvor."

Die Herren: „Willst du noch nicht bekennen?"

Elisabeth: „Nein, meine Herren!"

Da setzten sie ihre zwei Schraubeisen an, an jedes Schienbein eins. Sie sagte hierauf: „Ach, meine Herren, beschämt mich nicht, denn es hat noch kein Mann meinen bloßen Leib angetastet."

Der Anwalt sagte: „Nein, Jungfrau Elisabeth, wir wollen dich nicht unehrlich antasten." Dann fiel sie in Ohnmacht, und einer sagte zum andern: „Vielleicht ist sie tot."

Als sie aber wieder erwachte, sprach sie: „Ich lebe und bin nicht tot."

Da schlugen sie alle Schraubeisen los und setzten ihr mit schmeichelnden Worten zu.

Elisabeth: „Warum versucht ihr mich mit solchen schmeichelnden Worten? So pflegt man mit den Kindern umzugehen." Sie konnten von ihr weder zum Nachteile ihrer Brüder in dem Herrn, noch sonst eines Menschen, auch nicht das Mindeste herausbringen.

Die Herren: „Willst du alle Worte, die du vorher bekannt hast, widerrufen?"

Elisabeth: „Nein, meine Herren, sondern ich will sie mit meinem Tode versiegeln."

Die Herren: „Wir wollen dich weiter nicht mehr peinigen. Willst du uns nun gutwillig sagen, wer derjenige ist, der dich getauft hat?"

Elisabeth: „Nein, meine Herren, ich habe euch ja gesagt, dass ich solches nicht bekennen will."

Hierauf ist im Jahre 1549, den 27. März, das Urteil über Elisabeth gefällt, wodurch sie zum Tode verurteilt worden ist, nämlich in einem Sacke ertränkt zu werden; sie hat also ihren Leib Gott aufgeopfert.«

FÜR DIE
ÜBER HUNDERT MILLIONEN
UNBEKANNTE OPFER,
DIE DER AUSMERZUNG
ANHEIMFIELEN –
AUF DER BLUTSPUR
DES VATIKANS
UND SEINES
LUTHERISCHEN ABLEGERS

DER PÄPSTLICHE BEFEHL ZU ÜBER 500 JAHRE BLUT- UND LEIDENSSPUR DURCH SKLAVENHANDEL UND UNTERDRÜCKUNG IN AFRIKA

Als *„heroischen Schritt zur Erlösung der armen Seelen"* lobte der Machtmoloch aus dem Vatikan im Jahr 1444 die gewaltsame Entführung und Gefangennahme der als heidnisch verteufelten Ureinwohner Westafrikas durch die papsttreuen Herrscher Portugals, um sie mit päpstlichem Segen als Sklaven zu verkaufen.

Papst Nikolaus V. erließ im Jahr 1454 zwei Bullen (Dum Diversas), mit denen er den diabolischen Auftrag zur Versklavung der schwarzen Afrikaner gab, *„um"* – wie es darin heißt – *„die Länder der Ungläubigen zu erobern, ihre Bewohner zu vertreiben, zu unterjochen und in die ewige Knechtschaft zu zwingen"*, was viele der vatikanisch und lutherisch beherrschten Nationen Europas über Jahrhunderte mit beispielloser Grausamkeit und mit Völkermord an den afrikanischen Menschen erfüllten.

Der Vatikan gab für den Menschenhandel durch Sklaverei nicht nur den Auftrag. Er selbst raffte als Sklavenhalter und Sklavenhändler durch das unvorstellbare Leid der Afrikaner riesige Vermögenswerte an sich und gab im 19. Jahrhundert als einer der letzten Staaten die Sklaverei notgedrungen auf. Noch 1866 erklärt Papst Pius IX: *„Die Sklaverei selbst, die als solche in ihrer wesentlichen Natur betrachtet wird, steht keineswegs im Widerspruch zum natürlichen und göttlichen Gesetz, dass ein Sklave verkauft, gekauft, getauscht oder gegeben werden darf."*

Die Zahl der Menschen, die über die Jahrhunderte den Atlantik in Sklaven-Frachtschiffen überquerten, wird auf 12,5 Millionen geschätzt. Von diesen überlebten weniger als 10,7 Millionen die Passage aufgrund der unmenschlichen Transportbedingungen. Schwangere Frauen und Kranke wurden – wenn sie zu schwach waren – auf hoher See lebend über Bord geworfen.

Olaudah Equiano aus Nigeria, der als 11-jähriger versklavt wurde, berichtet 1789: *„Wir wurden unter Deck eingesperrt, wo der Gestank absolut pestartig wurde und eine Krankheit hervorrief, an der viele starben. Diese elenden Zustände wurden noch verschlimmert durch den Dreck in den notwendigen Tonnen zur Bedürfnisverrichtung, in die die Kinder oft hineinfielen und fast erstickten. Die Schreie der Frauen und*

das Stöhnen der Sterbenden machten dies alles zu einem unvorstellbar abschreckenden Schauspiel."
Die Überlebenden dieser barbarischen Umstände wurden im Land der Versklavung als Ware verkauft.

Die jahrhundertealte Gewalt-Ökumene der katholischen und lutherischen Kirchen funktionierte auch bei der Sklaverei: Bischof Stephen Elliott von der protestantischen Bischofskirche in Georgia, USA, (1806-1866) betrachtete die Sklaverei als *„ein Werk, das offensichtlich von der göttlichen Vorsehung bestimmt ist. In .... [Afrika] ... wurden einige Eingeborene zu Christen bekehrt, und einige Nationen wurden teilweise zivilisiert; aber was für eine kleine Zahl im Vergleich zu den Tausenden, nein, ich kann sagen, Millionen, die den Weg in den Himmel und ihren Retter durch die afrikanische Sklaverei kennengelernt haben. Diese Überlegungen stellen mich mit dem Zustand zufrieden und versichern mir, dass es das Beste ist, was man ihnen, den Afrikanern, bieten kann."*
Der bischöfliche Segen für „das Beste, was man Afrikanern bieten kann" bedeutete für die gewaltsam entführten und versklavten Afrikaner: Auseinanderreißen von Familien, Leibeigenschaft, absolute Entrechtung, lebenslange schwerste Zwangsarbeit unter Peitschen, Fesseln, Schlagen, Verbrennen, Verstümmeln, Brandmarken, Vergewaltigen ... bis hin zum Hängen.

Die zutiefst rassistischen Theorien des 18. und 19. Jahrhunderts, die von den institutionellen Kirchen und ihren Missionaren gepredigt und propagiert wurden, förderten die brutale Kolonisierung Afrikas.

Der katholische Segen für diese Gräueltaten ist in dem im Jahr 1937 veröffentlichten „Codex der internationalen Moral" in folgende Worte gefasst:

„Der Schöpfer, der die Güter dieser Welt zwischen den Regionen der Erde und den Völkern unterschiedlich aufgeteilt hat, hat sie dennoch dem Dienst an allen Menschen zugeordnet. ... die Menschheit ist frustriert über das, was ihr zusteht, wenn zurückgebliebene Völker durch Unfähigkeit, Nachlässigkeit oder Faulheit davon absehen, die Ressourcen in ihrem Gebiet zu erschließen. ...

Jeder Staat, sofern er den Willen und die Mittel dafür hat, ist befugt, diese Mission zu übernehmen und gegebenenfalls die Rechte aus der indigenen Souveränität zu entziehen, da sie nicht in der Lage ist, sie zum gemeinsamen Nutzen aller Nationen auszuüben."

Damit wurde zur gleichen Zeit, als der Diktator Mussolini von Rom aus Äthiopien überfiel und Hunderttausende von Kindern, Frauen und Männern ermordete, erneut der blutige Weg gerechtfertigt für die Ausmerzung der Ureinwohner Afrikas – durch Landraub, Plünderung ihrer Ressourcen,

Zwangsarbeit, Peitschenhiebe, Verstümmelung, Verhungernlassen, Demütigung aller Art, bis hin zu Tod und Mord. Die kirchlichen Missionare rechtfertigten die Misshandlungen und Grausamkeiten nicht nur, sie beteiligten sich oft genug selbst daran.
Ein Kenianer berichtete: *„Die Masse der afrikanischen Bevölkerung wurde von den Missionaren überzeugt, dass wahres Glück nur im Himmel zu finden sei und das Leben auf Erden eine Plage sei. Das ‚Evangelium' der Missionare ermutigte die Einheimischen durchzuhalten, die Erniedrigung, Zwangsarbeit und Auspeitschung durch die Siedler anzunehmen und sich dabei auf das Leben nach dem Tod zu konzentrieren.*
Die Bibel erwies sich als ein mächtigeres Instrument zur Eroberung und Kolonisierung der Einheimischen als militärische Waffen."

Luthers Vermächtnis in Namibia – Zwangsmissionierung und Völkermord

Der erste Völkermord des 20. Jahrhunderts fand in Namibia an ca. 75.000 Herero und Nama statt. Im mörderischen Verbund von Staat und Kirche bereiteten die Missionare den Weg für die totale Ausbeutung und erklärten, dass es Gottes Wille sei, dass der deutsche Kaiser über seine

„Missionskinder" herrsche. Das bedeutete: Zwangsmissionierung, Konzentrationslager, Zwangsarbeit, Massenmord mit dem erklärten Ziel der Vernichtung der Ureinwohner. Tausende Kinder, Frauen und Männer wurden mit Waffengewalt in den trockenen Omaheke-Abschnitt der Kalahari-Wüste getrieben. Die Fluchtwege wurden abgeschnitten, und Brunnen wurden zuvor vergiftet. Zehntausende verhungerten und verdursteten, andere, völlig entkräftet, wurden auf Scheiterhaufen gestapelt und verbrannt.
Überlebende wurden zusammengetrieben und in Konzentrationslager wie „Shark Island" gebracht, wo Herero-Frauen gezwungen wurden, ihre zuvor exekutierten Männer mit Glasscherben zu skalpieren. Die Schädel wurden dann zu wissenschaftlichen Zwecken nach Deutschland verfrachtet. Noch heute lagern die Schädel der ermordeten Herero aus Namibia in deutschen Museen.

Kirchlich unterstützter Völkermord in Ruanda 1994

Kirchenführer in Ruanda tragen mehr Verantwortung für den Völkermord als jede andere Institution. Wie zu allen Zeiten standen die Priesterreligionen auf der Seite der Mächtigen. Auch in Ruanda arbeiteten sie Hand in Hand mit den zuständigen Behörden. Von der Kanzel aus spielten sie die

Volksgruppen der Tutsis und der Hutus gegeneinander aus und trugen so maßgeblich dazu bei, die Menschen gegeneinander zu hetzen und bereiteten dadurch nicht nur den Boden für einen Völkermord, sondern beteiligten sich auch aktiv daran. Unzählige Zeugnisse berichten von Kirchenfunktionären, die sich voll und ganz am Gemetzel im Jahr 1994 beteiligt haben.

Einige Beispiele: Pater Serembo befahl, mit Bulldozern die Mauern seiner Pfarrei niederzureißen und die 2.000 Menschen im Inneren zu töten. Die Schwestern Gertrude und Maria führten die Hutu-Miliz an, um die Frauen und Kinder zu töten, die sich in ihrem Kloster und ihrer Garage versteckt hatten. Die Garage wurde in Brand gesetzt, 500 Menschen verbrannten. Augenzeugen berichteten, dass Schwester Maria Bananenblätter benutzte, um die Flammen weiter anzufachen.

Die Auswirkung der rassistischen Theorien der Missionare, das teuflische Prinzip „Trenne, binde und herrsche" forderte innerhalb von 100 Tagen allein in Ruanda zwischen 800 000 und einer Million Opfer.

Unter Missbrauch des Namens Gottes und Seines Sohnes Christus haben der vatikanische Moloch und seine Ableger auch über die Bewohner dieses Kontinents unvorstellbares Elend und Not gebracht.

DER VÖLKERMORD AN DEN INDIANERN

Der Völkermord an den Indianern begann mit der Weisung von Papst Alexander VI. (1492 - 1503), bei der zweiten Expedition von Christoph Kolumbus auch Missionare mitzusenden, mit dem Auftrag: *„Dass man barbarische Völker unterwirft und dem echten Glauben zuführt."*

Sein Thronnachfolger im Jahr 2018, Franziskus, nannte die erste „heilige Messe" einen „bescheidenen Anfang", der den ganzen amerikanischen Kontinent mit der „Gnade Christi" erfüllt habe. Er selbst sei „Frucht und Zeuge dieser Geschichte".

Es ist eine zynische Verhöhnung aller ausgemerzten indianischen Völker und ein schändlicher Missbrauch des Namens Christus, wenn der oberste Rompriester, von dessen Thron ausgehend der Genozid an den ursprünglichen Einwohnern Amerikas seinen blutigen Verlauf nahm, von der „Gnade Christi" für einen Kontinent spricht.

Damit gibt er als „Frucht und Zeuge" der Eroberer posthum erneut den päpstlichen Segen für den Auftakt zu einem der größten Völkermorde in der Menschheitsgeschichte.

Was der Papst als „Gnade Christi" bezeichnet, bedeutete: die Indianer von ihrem Land zu vertreiben, ihre Dörfer niederzubrennen, sie absichtlich mit Seuchen anzustecken, sie in der Wüste verhungern zu lassen, Männer, Frauen und Kinder wahllos zu erschießen und viele Scheußlichkeiten mehr. Und das nicht nur über Jahre oder Jahrzehnte hinweg, sondern über Jahrhunderte.

Zur geschichtlichen Orientierung: Im Jahr 1565 errichteten die katholischen Spanier eine erste Kolonie auf dem amerikanischen Kontinent, 1607 folgten die katholischen Franzosen im heutigen Kanada und die protestantischen Briten im heutigen Virginia in den USA. Im Laufe der Geschichte haben die Anhänger der beiden mörderischen europäischen Großkonfessionen katholisch und evangelisch den grausamen Völkermord in Amerika quasi unter sich „aufgeteilt“: im Süden die Katholiken, im Norden überwiegend die Protestanten.

„Sie hängen zur Ehre und Verherrlichung Jesu und der zwölf Apostel in einzelnen Gruppen je dreizehn Indianer auf, so dass die Füße das Scheiterholz gerade berühren.“

Die bibeltreuen Briten erklärten die Indianer einfach zu „Kindern Satans“, und das grausame Morden hatte den biblischen Segen.

Einer der sogenannten Pilgerväter, William Bradford (1590-1657), dokumentierte ein Gemetzel: *„Diejenigen, die dem Feuer entkamen, wurden mit dem Schwert erschlagen. Einige wurden in Stücke gehauen, andere mit Dolchen durchbohrt,* *so dass man mit ihnen schnell fertig war. Nur wenige entkamen. Es heißt, man habe auf diese Weise vierhundert getötet. Es war schrecklich anzusehen, wie sie im Feuer brieten, und auch die Ströme von Blut waren entsetzlich. Außerdem roch und stank es, aber der Sieg war ein süßes Opfer, und die Pilgerväter beteten danach zu Gott, der alles so wunderbar für sie gefügt hatte."*

Ein weiteres Beispiel für die Ausmerzungskampagnen, die den ganzen Kontinent überzogen: das Sand Creek Massaker vom 29. November 1864.
„Verdammt jeden, der mit Indianern sympathisiert ... tötet sie und zieht ihnen die Kopfhaut ab, ob groß oder klein; aus Nissen werden Läuse", so der Befehl von Colonel John Chivington, einem ehemaligen Methodistenpastor, zum Sand Creek Massaker.
An diesem Tag reisten 700 Soldaten von Colorado und umliegenden Gebieten zu „Peace Chiefs" der Stämme Cheyenne und Arapahoe. Die Invasoren waren von den Indianern eingeladen worden, um die Kriege zu beenden. Die Eroberer kamen jedoch nicht in Frieden, sondern eröffneten ohne Vorwarnung das Feuer.
Colonel Chivington und seine Männer schnitten Schwangeren die Embryos aus den Bäuchen, töteten Säuglinge durch Fußtritte, verstümmelten die Genitalien von Männern und

Frauen und dekorierten ihre Pferde und Wagen mit Körperteilen (Kopfhaut, Genitalien usw.). Ihre Trophäen stellten sie während einer Parade in Denver zur Schau.

Und ihre Theologen lieferten die Rechtfertigung dazu: Der puritanische Prediger Alexander Leighton sagte, Gott sei ein großer Krieger, und die Bibel sei das beste Lehrbuch des Krieges.
Der Pfarrer John Cotton lehrte, sie könnten die Eingeborenen angreifen, auch ohne provoziert zu werden, weil sie nicht nur das natürliche Recht auf das Territorium besäßen, sondern sogar einen Auftrag von Gott, *„ihnen das Land wegzunehmen"*.
Doch nicht genug – der kirchliche Machtapparat traf auch alle, die den Völkermord überlebt hatten, sowie deren Nachfahren: Eine ganze Generation von jungen Indianern zwang man noch im 20. Jahrhundert in groß angelegte Umerziehungsprogramme in meist kirchlich geführten Heimen.
Die Zwangsmission entriss den jungen Menschen ihre eigene Kultur, um sie zu folgsamen Protestanten oder Katholiken zu machen. Viele wurden in diesen Missionsschulen auch misshandelt oder sexuell missbraucht.
Ungesühnt ist die vatikanische und lutherische Blutspur an den über hundert Millionen unbekannter Opfer, die der Ausmerzung anheimfielen.

VERFOLGUNG DER PROPHETIN UND BOTSCHAFTERIN GOTTES, GABRIELE, UND DER URCHRISTEN HEUTE

So wie der urchristliche Strom nie ganz versiegt ist, so hat auch die alte Schlange, das System Baal, nie aufgehört, ihr Gift gegen die Gottespropheten und Gottesprophetinnen, gegen die gerechten Männer und Frauen auszuspeien.

In der Tradition der Prophetenmörder und der päpstlichen Mörderbanden vom 4. Jahrhundert bis ins Mittelalter und der klerikalen Massenschlächter und Völkermörder in Inquisition, Hexenwahn und vielen anderen Pogromen, sind die Diener des Baal auch heute wieder unterwegs – unter unterschiedlichem Panier und unter wechselndem Deckmantel.

An die Stelle der Scheiterhaufen sind die zahllosen Brandherde getreten, die von Verleumdungsbeauftragten in den Massenmedien entfacht wurden. An die Stelle des Mordes trat der Rufmord. Doch noch immer reitet dabei der Reiter, die Kirche, das Pferd, den Staat.

Als die Diener des dämonischen Systems mit ihrem irdischen Statthalter in Rom an der Spitze erkannten, dass in der Gottesprophetin Gabriele in unserer Zeit erneut ein höchstes Wesen aus dem Reich Gottes das göttliche Gesetz der Gottes- und Nächstenliebe auf diese Erde bringt und die Friedens- und Freiheitslehre des Christus Gottes verkündet, geriet der dämonische Transfer in höchsten Aufruhr.

Wie zu allen Zeiten setzte der Dämon seine Vasallen in Marsch. Sein Ziel war und ist, den Menschen die Wahrheit aus dem Reich Gottes vorzuenthalten. Deshalb trachteten seine Helfershelfer mit allen Mitteln unserer Zeit danach, die Prophetin und Botschafterin des Freien Geistes, Gott, und damit das Wort Gottes, die ewige Wahrheit aus dem Reich Gottes, zum Schweigen zu bringen. Nachdem das nicht gelang, versuchten sie, das Ewige Wort totzuschweigen.

Zunächst beabsichtigten die Priestermänner, das Wort Gottes und Seine Prophetin Gabriele für ihre Institution zu vereinnahmen, um sie so unter ihre Kontrolle zu bringen. Weil Gott, der Ewige, und Seine Prophetin nicht zu vereinnahmen sind, begann der über 40-jährige Rufmordfeldzug gegen die Gottesprophetin Gabriele und gegen all die Männer und Frauen und ihre Familien, die es wagten, sich offen zu dem Freien Geist, Gott in uns, zu bekennen und zu dem Christus Gottes, dem Mitregenten der Himmel und Erlöser aller Seelen und beseelten Menschen.

Die Gottesprophetin Gabriele wurde zur Zielscheibe infamster Angriffe des römischen Klerus und seines Ablegers. Lügen und Verdrehungen, Beleidigungen und Anwürfe unflätigster Art – wie sie in ihrer Verlogenheit nur die Abkömmlinge der Priesterkaste, der Mörder des Jesus von Nazareth und der Prophetenmörder aller Zeiten hervorbringen konnten – schöpften die klerikalen Experten fortan aus dem übelriechenden Fundus ihrer dämonischen Ungeheuerlichkeiten.

Damit überschütteten die Söhne des Vaters von unten, wie schon Jesus von Nazareth die Priestermänner Seiner Zeit genannt hatte, in der Folgezeit Gabriele. Und sie hetzten die Meute der sensationslüsternen Medien auf sie und ihre Familie. Die Handlanger der Priestermänner stellten Gabriele bei Tag und Nacht nach, unter anderem aus Hubschraubern und mit Kameras an langen Stangen durch das Fenster ihrer Wohnung, um sie bei der Verbreitung der priesterlichen Meinungslügen in ihren Medien möglichst auch mit Bild öffentlich an den Pranger stellen zu können.

Die lutherische Abspaltung der Romkirche tat alles, um es dieser gleichzutun und setzte ihre eigenen Rufmörder in Gang. Einer von ihnen, ein Pfarrer in der Tradition lutherischer Folter- und Mordaufrufe, entwickelte sich zum „Vor-

reiter" für alle nachfolgenden modernen Rufmörder in Kirche und Staat.
Mit seinen Hasspredigten hetzte er mit diabolischer Verschlagenheit gegen die Prophetin Gottes und gegen Nachfolger des Jesus von Nazareth.

Mit seinem Glaubensbekenntnis zum Umgang mit Christus-Nachfolgern: *„Es gibt kein Gebot zur Liebe und Freundschaft"* und anderen Parolen heizte der lutherische Pfarrer in einer öffentlichen Versammlungsstätte die Stimmung so lange auf, bis aus der aufgehetzten Menge der Ruf erschallte: *„Aufhängen sollte man euch! Knallt sie doch nieder! An die Wand sollte man sie stellen, alle, wie sie nacheinander dastehen! Elendes Gesindel! Brennen müsstet ihr!"* Ähnlich schallt es auch heute noch aus manchen Gemeinden und manchen Dörfern. Und der lutherische Demagoge, der stolz verkündete: *„Wenn Sie bei mir auf Inquisition tippen, liegen Sie richtig"*, rief den so bedrohten Urchristen damals hämisch zu: *„Im Mittelalter wären wir ganz anders mit euch umgesprungen!"*

Der Pfarrer trauerte den Zeiten nach, in denen der Mord an den Propheten Gottes noch möglich war. Dieser ist den Schergen der Priestergilde in unserer Zeit verwehrt, weil das Reich Gottes dazwischengetreten ist.

Auch dem Mord an Christus-Nachfolgern, wie er früher nach dem Glaubensbekenntnis der Romkirche und von Martin Luther betrieben wurde, steht heute die staatliche Rechtsordnung entgegen.

Umso mehr verlegten sich die Priestermänner und ihre Vasallen auf Rufmord, Verleumdung, Existenzvernichtung und vielfachen Rechtsbruch. Sie installierten ein landesweites Netz von Inquisitoren in Kirche, Staat und Gesellschaft, mit dem sie durch Lüge und Drohung gegen das Wort Gottes zu Felde zogen und versuchten, mit Hilfe der Macht ihrer Kirchenmilliarden das Wort Gottes durch Verleumdung der Prophetin Gottes zu unterdrücken und gleichzeitig die Lebensgrundlagen von möglichst vielen Männern, Frauen und Kindern zu zerstören.
Von ihren Kanzeln und von ihren Abhängigen in Staat und Gesellschaft wurde fortan über Jahrzehnte Hetze und Diskriminierung gegen die Prophetin und Botschafterin Gottes und die Urchristen verbreitet. Unter dem klerikalen Rufmordbegriff „Sekte“ sind heute alle Menschen stigmatisiert, die dem blutigen Rachegötzen der Machtkirchen den Rücken kehren, um Jesus, dem Christus, nachzufolgen.
Von Beginn an wurden Kinder der Urchristen verhöhnt, verspottet, angespuckt, angegriffen und ausgegrenzt. Männer und Frauen verloren ihren Arbeitsplatz und die Existenz-

grundlage für ihre Familien. Die Ernte von Landwirten wurde auf dem Feld verbrannt, urchristliche Kreuze zerstört und auf Einrichtungen von Urchristen geschossen.
Wo die flächendeckende Kirchenhetze allein noch keine Zwietracht in die Familien hineintragen konnte, stellten Rufmordexperten und andere Kirchenfunktionäre persönlich den Familien bis in deren Zuhause nach und hetzten Familienmitglieder gegeneinander auf.
Dort, wo Urchristen von staatlichen Stellen wie alle Bürger nach Gesetz und Verfassung behandelt wurden, traten klerikale Hassprediger mit Verleumdungen und Verdächtigungen auf den Plan und forderten offen Boykott, Rechtsbruch und Verfolgung der Christusnachfolger. Wo das nicht fruchtete, setzten sie hinter verschlossenen Türen oft mit infamer Lüge und Verleumdung und anderen Mitteln ihre Forderungen nach Rechtsbruch durch.

Die Unverfrorenheit, mit welcher der Reiter, die Kirche, vom Pferd, dem Staat, Unterwerfung fordert, die Arroganz, mit der Rufmörder von Institutionen, deren Funktionäre tausendfach Verbrechen begehen, von den Regierungen Verfassungs- und Rechtsbruch forderten, veranlasste sogar einen katholischen Minister zu der empörten Aussage: *„Der Staat ist nicht der Büttel der Sektenbeauftragten."* Doch dieser Einwand verhallte ungehört.

Immer noch kontrolliert der Reiter, die Kirche, das Pferd, das Staatswesen. Staatliche Repräsentanten reisen regelmäßig nach Rom, um dem obersten Priester des dämonischen Transfers zu huldigen – ausgerechnet dort, in Rom, von wo aus jahrhundertelang Menschen aufgrund ihres Glaubens verfolgt wurden und der Ausmerzung anheimfielen.

Es verwundert nicht, dass die schlimmsten Rufmordexperten für ihre „Verdienste" – also ihr Werk der Lüge und Verfolgung gegen die Prophetin und Botschafterin Gottes und der Nachfolger des Jesus, des Christus – den „Päpstlichen Orden" empfangen.

CHRISTUS
im prophetischen Wort durch die Gottesprophetin Gabriele, zu den Menschen im kommenden Friedensreich Jesu Christi gesprochen:

*„Erkennet, ihr Menschen im Friedensreich:
In der sündhaften Welt wurden viele gerechte Propheten
und auch erleuchtete Männer und Frauen
von den irdischen Reichen und den Machthabern dieser
Welt, von Kirchenführern und ihren Anhängern verleumdet
und verfolgt und viele von ihnen gefoltert und getötet.
Das Satanische hat zu allen Zeiten jene als Werkzeuge
benützt, die ihren irdischen Reichtum für sich halten
und vermehren wollten, die Macht erstrebten, und auch die,
welche den Reichen und Machthabern hörig waren.*

*Das müsst ihr wissen, damit ihr versteht,
warum die alte, sündhafte Welt
auf grausame Art und Weise unterging."*

(Aus: „Das ist Mein Wort. Alpha und Omega. Das Evangelium Jesu.
Die Christus-Offenbarung, welche inzwischen
die wahren Christen in aller Welt kennen)

Elisabeth†
1519-1549
Gottesboten
in Zwickau
1520-1522
Marguerite†
Porete
1250/60-1310
Gabriele
Amalrich†
und Urchristen
in Paris
13. Jh.
Brüder und Schwestern†
des Freien Geistes
Ab 13. Jh.
Brüder und Schwestern†
in Christus
Bogumilen†,
die Urchristen auf dem Balkan
10.-15. Jh.
Katharer†
12.-14. Jh.
Savonarola†
1452-1498
Urchristen in Rom†
1. Jh.
Johannes
von Patmos
1. Jh.
Manichäer†
4.-5. Jh.

N,†
DEM BALKAN
URCHRISTEN KLEINASIENS†
7.-9. JH.
NOAH
UM 2500 V. CHR.
MAXIMILLA, PRISCILLA,
MONTANUS, QUINTILLA
2.-6. JH.
JOHANNES
VON PATMOS
1. JH.
HOSEA
UM 750 V. CHR.
AMOS†
UM 750 V. CHR.
ELIA
UM 850 V. CHR.
HIOB
UM 2000 V. CHR.
MANICHÄER†
AB 3. JH.
STEPHANUS†
JOHANNES†
JESUS VON NAZARETH
JESAJA†
UM 700 V. CHR.
MICHA†
UM 730 V. CHR.
ABRAHAM
UM 2000 V. CHR.
EZECHIEL†
UM 580 V. CHR.
JOSEPH
UM 1700 V. CHR.
JEREMIA†
UM 600 V. CHR.
SACHARIA†
UM 520 V. CHR.
DANIEL
UM 560 V. CHR.
MOSES
UM 1250 V. CHR.

Gerne übersenden wir Ihnen
unser Gesamtverzeichnis aller Bücher, CDs und DVDs
sowie Gratis-Leseproben zu vielen Themen.

Gabriele-Verlag Das Wort GmbH
Max-Braun-Str. 2
97828 Marktheidenfeld
Tel. 09391/504135

www.gabriele-verlag.com